Nunca é tarde para transformar uma vida

Noscilene Santos

São Paulo, 2014
www.dvseditora.com.br

O Sentido da Felicidade

Nunca é tarde para transformar uma vida

Noscilene Santos

O Sentido da Felicidade
Nunca é tarde para transformar uma vida

Copyright© DVS Editora 2014
Todos os direitos para a língua portuguesa reservados pela editora.

Nenhuma parte dessa publicação poderá ser reproduzida, guardada pelo sistema "retrieval" ou transmitida de qualquer modo ou por qualquer outro meio, seja este eletrônico, mecânico, de fotocópia, de gravação, ou outros, sem prévia autorização, por escrito, da editora.

Consultor literário: James McSill.
Capa: Spazio Publicidade e Propaganda - Grasiela Gonzaga.
Diagramação: Konsept Design & Projetos.

```
Dados Internacionais de Catalogação na Publicação (CIP)
       (Câmara Brasileira do Livro, SP, Brasil)

    Santos, Noscilene
       O sentido da felicidade : nunca é tarde para
    transformar uma vida / Noscilene Santos. --
    São Paulo : DVS Editora, 2014.



       1. Ficção brasileira I. Título.



14-04116                                        CDD-869.93
            Índices para catálogo sistemático:
      1. Ficção : Literatura brasileira    869.93
```

AGRADECIMENTOS

Expresso a minha gratidão a Deus por colocar em meu caminho pessoas generosas.

Aos amigos e amigas que me incentivam a seguir adiante com os meus objetivos e celebram comigo.

Carlos Manoel, o Caco, muito querido, a quem sou grata pela orientação sobre investimentos na bolsa de valores.

Liz, a querida Elizete Bazílio, que ajudou-me a aprimorar a técnica do perdão.

Dra. Eliana Araújo Camargo, advogada, amiga, que dedicou tempo a esclarecer-me a respeito do reajuste de pensão alimentícia.

Daniel Santana, meu leitor crítico e irmão de alma. Ana Moreira de Paula, além de leitora, contribuiu com ideias para o desenvolvimento da capa desta obra.

Marcia Luz, por viabilizar o primeiro curso que participei, *Write in* Florianópolis, com o James.

Waldemir Caputo, executivo, admirável gestor de pessoas e ex-sócio. Um grande amigo que sempre incentivou-me na carreira.

Eliane Petean, irmã de alma e ex-sócia. Juntas ousamos virar o *chip* de empregadas para empresárias e aprendemos na prática o que não está escrito nos livros. A inspiração para escrever este livro tem a ver com a experiência que passamos juntas na Wallcred.

James McSill, um dos maiores Consultores de Histórias, amigo, coach e mentor literário que entre conselhos, lições, provocações e chibatadas, despertou em mim a autora.

Minha família, meus irmãos: Lando, João, Agda, Moisés, Margarida e Nilzeth, base fundamental da minha vida, sou eternamente grata por ser cercada de gente feliz. A família sorriso, que torce e vibra por mim.

PREFÁCIO

Somente eu posso mudar a minha vida, ninguém mais pode fazê-lo por mim. Será esta afirmação verdadeira? Verdadeira em parte?

Noscilene nos presenteia com um romance simples e profundo em que levanta esta questão. É a estória de um homem, que no topo da pirâmide, já não se lembra bem que os grandes terremotos começam a quilômetros abaixo da terra e, quanto mais alto nos encontramos, pior poderá ser a queda.

Tive a honra de acompanhar a Noscilene no processo de dar vida a um livro. Muitos dizem ser um processo doloroso, comparando-o até mesmo com um parto. Com a Noscilene foi diferente, trabalhamos muito, ela, aliás, trabalhou muito além do que espero de um novo autor, mas em nenhum momento houve períodos de dor. Divertimo-nos com as aventuras e desventuras dos personagens, passamos horas a elaborar uma premissa que não somente fosse tecnicamente viável, mas também agradasse ao leitor.

Esta é a Noscilene, uma amiga com senso de propósito, uma autora para quem nunca houve momentos complicados durante a produção textual, pois sempre soube que chegaria a hora em que o livro seria publicado, bastava trabalhar à exaustão para nos presentear com o melhor e assim o fez. Sabíamos que a estória, a princípio viável, tornava-se excelente a cada revisão. E a hora é esta, você tem na mão um livro excelente, publicado por uma editora de renome, um texto escrito pensando em você, leitor, nos mínimos detalhes.

Ninguém mais poderia mudar a vida do Rodolfo a não ser ele próprio? Veremos!

James McSill

Capítulo 1

Rodolfo não sabia explicar o porquê, mas aquela nuvem negra o ameaçava outra vez. Devia ser praga de gente invejosa. Consultou o relógio de pulso, os ponteiros marcavam mais de nove da noite. Ele ainda precisava encontrar o maldito envelope com as contas vencidas há dois meses. Depois de revirar as primeiras gavetas da cômoda, fuçava a última.

— Maldição! – disse, erguendo-se e fechando a gaveta com um chute. – O envelope estava bem aqui – bateu a mão espalmada sobre a mesa. – Como poderia desaparecer do nada?

Ouviu o toque do celular. Arrastou-se até o paletó jogado no encosto da cadeira, tirou o aparelho do bolso, levando-o à orelha.

— Alô!

— Alô, seu Rodolfo, aqui é a Maria Francisca.

— Espera aí... – afastou o aparelho do ouvido e, num gesto rápido, posicionou-o diante dos olhos; depois voltou a falar. – Como você conseguiu meu telefone?

— Pois é, seu Rodolfo, o senhor vai me desculpar. Eu abri seu envelope que ficou em cima da mesa da copa. A conta do seu telefone também tava lá dentro. Achei por bem avisar.

Ao ouvir aquilo, socou a mesa.

— Avisar o quê, Maria Francisca?

— Avisar das contas vencidas, ora!

— Você não tinha o direito de abrir o envelope só porque esqueci sobre a mesa.

— Eu, hein, seu Rodolfo! O senhor é mal-agradecido.

— Olha aqui, Maria Francisca, violar correspondência dos outros é crime.

— Misericórdia, seu Rodolfo, pensei que tava fazendo um favor, eles vão cortar sua luz, viu?

— Misericórdia digo eu, você tem noção do que fez?

— Eu só queria que o senhor soubesse.

— Não adianta! Estamos falando em círculo, sem chegar a lugar algum.

— Se o senhor quiser, eu pago pela internet, minha filha pode me ajudar nisso e depois o senhor me dá o dinheiro.

Ele respirou fundo. Sem responder, Maria Francisca continuou.

— Sabe, seu Rodolfo, uma vez eu atrasei o pagamento da conta de luz, igualzinho ao senhor. Eles cortaram a luz daqui de casa sem dó nem piedade.

Isso já era demais, aguentar lição de moral da copeira intrometida.

— Maria Francisca, isso é problema meu. Amanhã eu pego o envelope e resolvo.

— Ah, seu Rodolfo, o senhor precisava de saber de uma coisa que eu sei.

— Não me interessa!

— Mas é importante, seu Rodolfo.

— Agora não!

— Oh, se o senhor tiver com falta de dinheiro eu empresto. Eu sei como é isso.

Mais uma vez quebrado.

Novamente, respirou fundo. Afastou o *iPhone* da orelha, esticou o braço, pousando o aparelho sobre a mesa e usou o indicador para desligar. A oferta de empréstimo da copeira o deixou estarrecido, o estômago parecia ter se encolhido drasticamente.

— Bruxa! Como ela sabia? – despejou.

Sim, admitiu para si, estava quebrado. Outra vez a mesma crise se repetia em sua vida. Naquela ocasião pediu ajuda ao pai, que nada fez.

Dias atrás, Rodolfo era feliz e sabia, ele desfrutava de muita diversão com os filhos. Agora acumulava problemas. Problemas...

Enquanto isso, Luana se esbanjava com a pensão, o apartamento financiado e outras despesas dos meninos, tudo pago por ele. Será que deveria revisar as despesas? Ou buscar outros meios de aumentar a renda? Mas já trabalhava tanto e as coisas não iam bem. Teria de quitar todas as contas vencidas com urgência.

Rodolfo pegou de volta o telefone. Começou a apertar o número do qual nunca se esquecia.

Capítulo 2

Um dia antes, ele retornava de viagem com os filhos Thiago e Raphael. Depois de deixá-los na casa da mãe, seguiu para o flat. Chegando, encostou as malas ao pé da escada, ligou a TV e zapeou pelos canais procurando notícias. Assistiu, por minutos, a assombrosas catástrofes: marginalidade nas ruas, na política, intrigas no mundo esportivo...

Pegou as malas. Ainda podia ouvir, dos degraus, a TV. O repórter anunciava a queda brusca nos índices da bolsa de valores. Ele largou as malas na escada, retornou à sala.

— Ah, mercado internacional. Minhas ações de empresas nacionais, sólidas, estão a salvo.

Voltou às malas.

Pela primeira vez na vida, ele tinha investido parte de seu bônus em ações. Sentia-se satisfeito com os rendimentos mostrados no extrato online dez dias atrás, pouco antes de pegar o voo.

Mas já não estava tão seguro disso.

No quarto, encostou as malas no canto. Desceu as escadas, de volta à sala, para ouvir mais notícias. Só que não conseguia prestar atenção. Talvez Júlio, seu colega na FIBRAX, estivesse a par. Poderia ligar para ele, mas era tarde para incomodar os outros.

— Vou ligar — falou, mais uma vez, para si. Mania de quem morava só.

Quando pegou o telefone em cima da mesa, entrou uma mensagem de Thiago:

"Pai, meu game fkou aí. passa aki antes do trblho?"

"Filho, nem mexi nas malas. Amanhã a noite, tá?", respondeu à mensagem.

"Ah, pai, sempre depois!!!"

Sempre depois...

Moleque malcriado, parecia a mãe, queria tudo na hora. Esbanjou nas compras, se divertiu horrores na Disney, mas queria o game já.

Meneou a cabeça, negando.

Desta vez não cederia.

Sempre depois... hum!

Rodolfo desviou o olhar para o amontoado de papéis em cima da mesa: cupons, notas fiscais, moedas de dólares... Um arrepio subiu-lhe as espinhas. Precisava guardar aquilo.

– Contas a pagar...

No sofá, ergueu os braços, entrelaçou as mãos, baixou-os e apoiou a nuca no encosto. Manteve o olhar grudado no teto, ignorando por completo a TV e o telefonema que faria ao colega. Afinal, dinheiro tinha sido feito para dar prazer, o lema de sempre. A única dúvida era: sua reserva financeira estaria intacta? Esperava que sim.

De repente, a fisgada no estômago fê-lo lembrar das palavras do pai: "Para quem aposta na bolsa, as chances de ganhar e de perder são iguais". O velho Lício, jamais aplicou dinheiro em investimentos de riscos. Rodolfo desconhecia os motivos, mas o pai ficava transfigurado ao ouvir notícias sobre os índices da bolsa.

– Meu pai reprovaria a minha atitude – balbuciou.

Mais uma vez, meneou a cabeça. O comportamento do pai o intrigava. Justo o velho Lício, expert em finanças. Isso jogava por terra a esperança de Rodolfo com os rendimentos. A notícia, agregada à opinião do pai, intensificava a fisgada no estômago. Não podia acessar a conta para ver o saldo, a senha de acesso tinha ficado na empresa. Rodolfo não queria alimentar a ideia de ter perdido dinheiro.

Pegou o controle e desligou a TV. Já no quarto, procurou por analgésicos nas gavetas do criado-mudo, nada encontrou.

– Amanhã eu resolvo isso.

Capítulo 3

No dia seguinte, Rodolfo acordou cedo. Queria chegar à empresa por volta das oito da manhã e se preparar para a reunião de diretoria, às nove, em ponto. Profissionais que se atrasavam eram malvistos na FIBRAX.

— Metas, orçamento... Oh, Deus!

Pegou a nova pasta de couro, colocou: iPad, caderno, cartões de visitas, documentos do carro e envelope cheio de contas a pagar. Outro envelope da imobiliária, carimbado "urgente", chamou sua atenção. Enfiou-o na pasta para ler no escritório. Colocou, ainda, os presentinhos para Giba, porteiro do prédio de Sofia – sua amada –, e para Maria Francisca, a copeira sorriso. A voz da copeira ainda ecoava em seus ouvidos: "Chique hein, seu Rodolfo, quero uma camiseta bem bonita com a cara do Pateta. O senhor vai trazer, não vai?" No fundo, ele apreciava Maria Francisca, bem-humorada, firme e às vezes intrometida.

— Pago para ver a cara da Maria Francisca ao abrir o presentinho – disse, enquanto fechava a pasta.

Chave do carro na mão, *iPhone* no bolso do paletó. Tudo preparado para encarar outra realidade.

Rodolfo trancou a porta.

No saguão, enquanto aguardava o elevador, entrou mensagem no *iPhone*. Thiago, de novo, queria o game dele.

"Filho, paciência", escreveu. "De noite eu levo."

"Ah pai passa aki agora, vai? ^F^."

"Saindo para trabalhar, filho."

O elevador chegou. Ele marcou o primeiro subsolo, em vez de descer, subiu.

— Droga! – esbravejou.

Até onde iria essa coisa? Oito, nove, dez, onze... Rodolfo acompanhava a mudança dos andares pelo visor. De repente, um solavanco, as luzes se apagaram. O elevador travara entre os andares doze e treze.

— Era o que faltava, queda de energia! Droga, droga, droga! — apertou o botão de emergência com uma mão e esmurrou a porta com a outra. — Tem alguém aí? – gritou. Na testa, marejou suor, o coração batia descompassado. – Alguém? Por favor, abra essa porta.

Passados cinco minutos ou menos, o segurança se comunicou através da pequena fresta. Rodolfo se identificou, informando que estava sozinho no elevador.

— Senhor Rodolfo, as providências já foram tomadas. Em dez minutos, no máximo, o senhor sairá.

— Dez minutos? — esbravejou. — Preciso sair agora, tenho um compromisso importante às nove. Dê um jeito e abra já essa porta!

— Acalme-se, senhor Rodolfo. Nesta posição, entre dois andares, o risco é muito grande — argumentou o segurança. — A empresa de manutenção já foi acionada. Fique tranquilo, vou ficar aqui até resolver o problema.

— Ficar aí não paralisa os ponteiros do relógio. Eu preciso sair daqui agora. Agora!

— Olhe, só mais um instante. Já, já, estará livre — repetiu o segurança.

Impossível eu chegar à reunião a tempo.

Como dizia o pai: "Desgraça pouca é bobagem". Só podia ser pesadelo. Depois de dias cheios de adrenalina com os filhos, não merecia passar por isso. Primeiro, a notícia bombástica da bolsa, nem sabia a posição da sua carteira. Agora, perdia tempo ali dentro. Perder a hora, perder dinheiro, perder o compromisso, perder... Talvez tivesse evitado esse contratempo se tivesse ouvido o pedido de Thiago. *Oh, shit!* Jeito idiota de aprender a ouvir o que vem de dentro.

Pagaria o preço.

Rodolfo chegou ao escritório meia hora depois do horário agendado para a reunião de diretoria. Ele queria ver a posição de sua carteira de ações, mas não tinha tempo. De imediato, abriu a pasta em cima da mesa, tirou o *tablet* e jogou-a de qualquer jeito sobre a cadeira. Saiu rápido da sala, quando deu de cara com Silvinha, a secretaria, no corredor.

— Sempre apressado hein, Rodolfo — ela disse.

— O dia começou mal, Silvinha. Estou muito atrasado.

– Pelo visto não ouviu o meu recado.

– Recado?

– Deixei mensagem em seu celular. A reunião foi adiada para amanhã no mesmo horário.

– Sério?

– Sério.

– Enfim, uma boa notícia.

Voltou, tirou a pasta de cima da cadeira, colocando-a no lugar apropriado. Conectou o computador. Enquanto o equipamento carregava as configurações, ele correu as cortinas da janela envidraçada. Observou por alguns segundos o movimento na rua. Em seguida, deu a volta na mesa, arrastou a cadeira e se sentou. Como era de hábito naquele horário, ouviu a voz de Maria Francisca.

– Chegou, seu Rodolfo?

Ele ergueu os olhos, quase respondendo por impulso: não, é o meu espírito sentado na cadeira. Mas decidiu apenas sorrir. Pegou o pacotinho de dentro da pasta e entregou a ela.

– O senhor lembrou de mim! Fico toda emocionada. Olha isso, seu Rodolfo – mostrou os bracinhos roliços arrepiados.

– Abra! – ele ordenou.

– É pra já! – ela enfiou os dedinhos no pacote para remover o adesivo, conseguindo abrir a embalagem sem estragar. Puxou para fora o conteúdo. A camiseta com a cara do pateta. Primeiro, ergueu-a à sua frente, admirando. Depois encostou-a no corpo. – Nossa, seu Rodolfo, é o pateta mais lindo que eu já vi na minha vida. É a cara do senhor.

– Minha cara?! – ele franziu o cenho e inclinou o busto levemente sobre a mesa.

– Misericórdia, desculpa aí... Estava comparando com a sua beleza, seu Rodolfo – ela levou a mão à boca para esconder a risada de deboche. Rodolfo apenas meneou a cabeça incrédulo. Ela continuou:

– Deus lhe pague! Como foi tudo por lá?

– Não posso perder tempo agora – respondeu seco.

– Ave, seu Rodolfo, nem bem chegou de viagem, continua igual – ela baixou o tom de voz e concluiu já de costas:

— Mal-humorado.

— Chamou-me de mal-humorado?

A copeira saiu porta afora, radiante, com o seu pateta. Rodolfo esperou ela voltar e se desculpar. Ela não voltou.

Onde já se viu isso? Julgá-lo mal-humorado?

Essa gente não sabia respeitar o espaço dos outros. Rodolfo suspirou, precisava ver seu extrato e confirmar os rendimentos em vez de dar ouvidos aos destemperos da copeira. Por instantes manteve o olhar paralisado na porta. Em seguida, voltou a atenção para o computador.

Foi quando ele acessou o site, clicou em economia, leu e confirmou as alarmantes notícias sobre o baixo índice das bolsas de valores no Brasil e no mundo. Imediatamente, buscou sua conta online na corretora de valores. Digitou o endereço do site, o login e a senha. Não entrou.

— Senha inválida?

Insistiu.

Outra mensagem: "em manutenção, tente mais tarde".

Impossível, devia ser problema na conexão. Desligou o computador, esperou dois minutos e o reiniciou. Repetiu o processo: Site, login, senha. Depois da terceira tentativa, conseguiu.

— Ufa! Enfim!

Mas... a disritmia do coração crescia à medida que a realidade se escancarava. Inacreditável, seu dinheiro fora reduzido a menos da metade do valor investido. Outra vez, aquela situação relembrava as palavras do pai: "Quem tudo quer, nada tem". Ele comprovava a cruel realidade.

— Estou ferrado! – esfregou as mãos nervosas no rosto.

Naquele instante, bateram na porta. Absorto em sentimentos de desilusão, ignorou. Afundou-se na cadeira, buscando alternativas. Qual seria a saída? Como recuperar o dinheiro? Onde errara? Perguntas, perguntas, nenhuma resposta. Deveria encerrar a conta para salvar as migalhas ou deixar como está? Oh, santa burrice, teria de pedir ajuda.

Ainda sem foco, ergueu a cabeça e notou Júlio, seu vizinho de sala, sem ação, de olhos grudados nele. Rodolfo se levantou, apoiando as mãos sobre a mesa. Sentia o rosto arder em chamas. Sua esperança de clarear as ideias poderia estar diante dele. Desabou.

— Porra, Júlio, estou falido!

— Falido?

— Acabo de descobrir, perdi tudo! — como de hábito, levou as mãos à nuca, grudou os olhos no teto e disse:

— Minhas economias viraram pó.

Desesperado, forçava as aparências para suprimir as lágrimas.

— Tudo? — insistiu Júlio.

— Bem, quase tudo — baixou o tom de voz, esticou o braço, pegou a caneta de dentro do porta-lápis e apertou-a insistentemente, enquanto desabafava. — Resta menos da metade. Diga-me, Júlio, isso já aconteceu com você?

— Olha, Rodolfo, pra dizer a verdade, retornei ao mercado de ações há pouco tempo. Recebi dinheiro da venda do apartamento, analisei os papéis de excelentes empresas, decidi aplicar boa parte. Comprei em baixa, o capital praticamente dobrou.

— Está dizendo que ganhou dinheiro quando o mundo todo, inclusive eu, perdeu?

— Sim, Rodolfo. É possível ganhar dinheiro investindo em ações quando se tem boas estratégias. Falar o "mundo todo" é generalizar. Conheço muitos investidores que lucraram desde o início da crise.

— Inacreditável. Não pode ser... Então me explique o milagre.

Júlio falava devagar, Rodolfo queria entender onde tinha falhado. O colega se apegava aos detalhes, espetando Rodolfo no fundo do peito por sua inexperiência.

— Milagre se faz administrando a carteira. Avaliando o momento de comprar, vender ou alugar ações.

— Como?

— *Timing*, Rodolfo, nesse tipo de risco *timing* é tudo. O investidor deve estudar cuidadosamente a carteira, manter-se atualizado sobre os rumos da economia, movimentos e posição das empresas.

Enquanto Júlio prosseguia, Rodolfo andava de um lado para o outro, olhando pela janela. Do lado de fora, nada tinha mudado: trânsito, céu cinzento, pessoas indo e vindo. Terrível experiência. Desviara a atenção do colega. Só ouvia a voz interior dizer: — Inadmissível perder tanto dinheiro, como quitaria as dívidas?

— Sinceramente... Júlio, isso não é para mim. A dúvida é se resgato o que sobrou ou se continuo arriscando para tentar recuperar.

— Olha, Rodolfo, é uma decisão muito pessoal. O sentimento é controlável... A perda existirá se aceitar o prejuízo, entende? Pense comigo, no dia seguinte o mercado reabrirá, concorda?

— Sim.

— O jogo continuará.

Júlio, com sua irritante tranquilidade, esbanjava ganhos e aprendizado. Enfatizava o segredo das pessoas de sucesso. Falava da habilidade do investidor experiente em saber a hora certa de comprar, vender ou alugar. Verdadeiro expert em ações. Rodolfo apenas ouvia as explicações.

— O investidor deve ter uma estratégia bem definida, Rodolfo. Deve saber exatamente o que quer. Por exemplo, quer planejar a aposentadoria? Escolha ações que pagam dividendos. Quer especular? Me empresta o iPad — ele passou o dedo nos links, arrastou para a direita, abriu o tópico. — Olha aqui, boas opções são:

"Day-trade"

"Conjugação de operações de compra e de venda realizadas em um mesmo dia, dos mesmos ativos, commodities ou títulos, para um mesmo comitente, por uma mesma sociedade corretora, cuja liquidação é exclusivamente financeira."

"Swing trade"

"Tipo de negociação que busca resultados elevados em períodos de um a cinco dias. É usada, em especial, por investidores individuais em pequenos lote de ações."

Mostrou a Rodolfo as boas opções e continuou:

— Depois, leia isso aqui — apontou o texto ao colega. — Isso vai ajudar você a entender um pouco sobre investimentos em ações. Encerrou a pesquisa, devolvendo-lhe o iPad.

Rodolfo ouvia a explanação apaixonada de Júlio. Naquele instante, uma pontinha de interesse despertou nele.

— Mas... Júlio, tem hora certa para resgatar?

— Depende dos seus objetivos. Meu horizonte é longo prazo, uso fundamentos e análise técnica para definir estratégias. Tem mais, Rodolfo, é praticamente obrigatório para especuladores iniciantes estabelecer um objetivo financeiro ou tempo e, depois, respeitar a decisão. Mesmo com as ações em ascendência, atingiu a meta, resgate.

Ficava evidente o perfil conservador de Rodolfo. Dessa vez, a porrada fora avassaladora. Ações... Era para quem sabia lidar com riscos.

— Gato escaldado tem medo de água fria, Júlio.

— Quem não tem competência, Rodolfo, não deve investir em ações – falou e saiu.

— Sou mesmo incompetente... – resmungou.

Cruzou as mãos sobre a mesa, apertou os lábios. Aquela maldita fisgada no estômago resolvera atacar de novo. Além disso, a voz de Júlio martelava seus neurônios: Nesse tipo de investimento só os conhecimentos do risco não bastam. A chave para evitar perdas é acompanhar a volatilidade do mercado, a dança dos índices, as expectativas futuras. Isso fará a diferença entre perder muito com a queda, ou ganhar muito com a recuperação.

Só que antes de investir, Rodolfo não sabia nada disso. O momento pedia uma decisão firme: salvar as migalhas, encerrando a conta, ou manter o investimento para tentar recuperar, pelo menos, o principal. Mas de cabeça quente a tendência seria optar pela pior alternativa.

— Depois eu decido – balbuciou.

Ele não sabia, de fato, o que fazer. Os problemas pareciam ervas daninhas espalhando-se por todos os lados. Rodolfo abriu a pasta outra vez, pegou o envelope da imobiliária, rasgou a borda, ainda sem ler o anunciado. Calculou de cabeça o montante da dívida de condomínio atrasado. Apurou cerca de dez mil reais.

— Dez mil reais! Se fosse só isso – ponderou.

Puxou o papel, desdobrou-o. No topo, escrito em letras garrafais, na cor vermelha, ele lia: SEGUNDO AVISO DE DESOCUPAÇÃO DO IMÓVEL.

— Segundo?

Como poderia receber o segundo aviso sem ter conhecimento do primeiro? Faltando menos de noventa dias para desocupar o flat, seria muita injustiça. Só porque atrasou o pagamento do condomínio por seis meses, enquanto outros condôminos não pagavam há um ano. Ele sabia disso.

— Oh, Deus, eu não suporto tantas más notícias. É uma bomba atrás da outra – falou, mais uma vez, sozinho.

"Gastar sem pensar nas consequências."

As palavras do pai gritaram em sua mente.

Ele lia e relia a tal correspondência como se fosse encontrar a fórmula para conseguir dez mil reais. Depois de ler pela terceira vez, dobrou o papel demoradamente.

Entorpecido pela notícia, colou o olhar em cada canto da sala, como se estivesse em seu flat, tudo aquilo lhe parecia sombrio. Em seguida se arrastou até a janela, admirou por longos minutos o movimento da rua; ele ainda segurava o aviso. Desdobrou outra vez, leu. Agora notara o número do telefone de contato em destaque. Teria de ligar, negociar a dívida... Mas, sem os dez mil reais em mãos, nada adiantaria. Essas coisas não se resolviam assim. Abriu a pasta e guardou aquilo.

Mudar!

Capítulo 4

Depois de um dia com tantas coisas ruins, Rodolfo só queria cair nos braços de sua amada Sofia. Ela era única esperança de fazer a autoestima dele melhorar. Saiu do escritório pouco antes das seis da tarde. Quando chegou ao endereço dela, Giba, o porteiro, foi logo avisando:

— Dona Sofia ainda não chegou, Rodolfo.

— Não?

Giba apenas balançou a cabeça, negando.

Rodolfo apoiou o cotovelo na parede da guarita, ergueu o outro braço na altura do peito, o relógio marcava 7h05 da noite. Desencostou-se.

— Tem coisa errada, Giba. Sofia disse-me, hoje de manhã, que viria cedo pra casa.

— Capaz de dona Sofia estar presa no trânsito — justificou o porteiro. — Mas você tem a chave. Pode subir, Rodolfo.

— Esqueci a chave em casa — respondeu. — Ah, Giba, trouxe um negócio pra você.

Rodolfo abriu a pasta, tirou o pequeno pacote, entregou-o ao porteiro.

— Presente pra mim, Rodolfo?

O porteiro abriu o volume de imediato. Seus olhos brilhavam à medida que desenroscava a tampa e o odor agradável inundava a guarita.

— Gostou?

— Se gostei, Rodolfo, o cheiro é igualzinho ao do seu perfume. Minha patroa vai morrer de ciúmes quando eu sair de casa todo perfumado, igual gente bacana.

— Toma juízo, Giba, fica cheiroso só pra ela.

Rodolfo tirou do bolso o *iPhone*. Antes de ligar para Sofia, percebeu várias chamadas não atendidas de um número privado. Notou, ainda, mensagens não ouvidas. Acionou a caixa postal. A primeira delas, voz de Sofia:

"Meu amor, fui convocada para reunião urgente em Brasília. Retornarei no último voo, espere por mim em meu ap. Saudades do seu cheiro."

A esperança se foi.

Decepcionado, Rodolfo enfiou de volta o *iPhone* no bolso. Andou até a calçada do prédio. Reparou na escuridão da rua por conta das lâmpadas queimadas. De onde tiraria dez mil reais? Até Sofia, a única esperança de levantar a autoestima dele, deixava-o a ver navios. Por tudo o que acontecera neste dia, ele ficou dividido entre esperar por ela no aeroporto ou voltar para casa. A saudade era grande, a pressão nos ombros maior.

— Até amanhã, Giba!

Capítulo 5

Rodolfo ouviu o tilintar do telefone na casa dos pais. Esperou. No quinto toque atenderam.

– Alô... pai?

O pai nunca atendia ao telefone.

– Como está Rodolfo?

– É... Bem... A mamãe está em casa?

– Sim, está no banho. Você está bem, Rodolfo? – o pai insistiu.

– Eu... só queria falar com ela. Depois eu ligo.

Ciente do paradeiro do envelope com as contas vencidas, Rodolfo ansiava por falar com a mãe. A sós, de preferência.

– Ela vem vindo – completou o pai.

– Tá.

– Rodolfo quer falar com você – o pai devia ter afastado o fone do ouvido. Rodolfo pôde escutar a voz da mãe e depois o ruído do aparelho na base.

– Eu atendo aqui no quarto – disse ela. Após segundos, falava com o filho. – Rodolfo, meu filho, você está bem?

– Oi mãe, só estou com saudades.

– Ah, filho, por que não vem aqui?

– Estou mesmo querendo falar com a senhora.

– Venha jantar com a gente amanhã. Seu pai vai gostar.

Rodolfo preferiria falar a sós com a mãe, mas confirmou. Jantaria com os pais no dia seguinte.

Desligou e subiu as escadas para o quarto, degrau a degrau, de cabeça baixa. Será que a mãe o ajudaria a convencer o pai a emprestar os dez mil reais? Da outra vez o pai tinha negado.

– Chega por hoje.

Capítulo 6

Rodolfo despertou com o som do interfone, esfregou os olhos, acendeu a luz, pegou o *iPhone* em cima do criado-mudo, passou o dedo no visor: 1h15. Droga! Ele só queria descansar e o porteiro, sem noção, resolvera interfonar a essa hora. Tocou de novo. Tomado de pânico, saltou da cama. O coração batia forte. Desceu as escadas, cruzou a pequena sala, agarrou o fone e o levou ao ouvido.

– Alô!

O porteiro anunciava Sofia.

– Sofia?

– Sim, Rodolfo, dona Sofia. Ela pode subir?

– Claro, Severino. Que pergunta!

– Nunca se sabe, Rodolfo, casa de homem sozinho a gente não pode vacilar.

Rodolfo ignorou a ironia do porteiro. Minutos depois, abriu a porta para Sofia que estampava um grande sorriso. Ela largou a bolsa no sofá e estendeu os braços para o amado, dando um longo e caloroso abraço.

– Mas, querida, você deve estar cansada.

– Amor, a saudade é maior. Esperava encontrar você lá em casa, o que houve?

– Esqueci de levar as chaves.

– Agora já estou aqui. Basta um banho refrescante e estarei prontinha.

– Tem certeza?

– A noite é uma criança, meu querido.

– Hum...

Ainda entrelaçados, trocando beijos apaixonados, saudosos, arrastaram-se até a suíte. Ela o deixou na cama e disse:

— Já volto, amor.

Da cama, Rodolfo acompanhou os movimentos cadenciados da amada em direção ao banheiro. Em seguida, escutou a água jorrar.

Minutos depois, Sofia saiu do banho. A toalha deslizava no corpo em provocação ao amado. Ele se ajoelhou na ponta da cama e a puxou carinhosamente, os corpos se uniram. Carícias e beijos ardentes percorriam zonas erógenas.

— Beija-me, beija-me, amor!

Sofia balbuciava em seus ouvidos.

— Não sei o que está acontecendo, querida. Quero tanto você!

Mas... algo de errado acontecia, nada de enrijecer.

Sofia puxou o rosto dele para ela...

— Rodolfo, olhe para mim, quero sinceridade. Por acaso andou me traindo?

Ele abraçou Sofia e falou em seu ouvido.

— Nunca. Nunca.

Rodolfo evitava falar de sua derrocada financeira para Sofia. Ele tinha lido na internet que problemas financeiros provocavam disfunção eréctil. Porém, essa não era sua primeira crise financeira e jamais sentira-se afetado sexualmente. Só que, nas outras crises, os quarenta anos estavam bem mais distantes. Agora, em menos de seis meses, mudaria o ciclo. Qual seria o motivo dessa brochada, as finanças ou os quarenta anos? Ele pousou a cabeça de Sofia em seu peito, fazendo-lhe carinho nos cabelos enquanto tentava organizar as ideias.

Adormeceu.

Capítulo 7

No dia seguinte, antes de ir para o trabalho, Rodolfo deixou a amada no endereço dela. O trânsito em direção à empresa era intenso. Se as coisas estavam ruins a tendência seria piorar. O *iPhone* tocou o número da ex-esposa.

— Viu? Se as coisas andam mal, ainda podem piorar — repetiu. — Eu preciso me desvincular da Luana. Eu preciso!

Passou por sua cabeça não atender, mas um fio de preocupação o ligava aos filhos. Acionou o viva-voz. Tarde demais! Ela começou a despejar coisas sem parar. Diminuiu o volume do som. Melhor seria não ter atendido. Luana reclamava da desobediência dos meninos. Aquela verborragia matutina o torturava. Para encurtar a conversa, ele a interrompeu:

— Você não ligou a essa hora para reclamar da sorte, Luana. Vá direto ao ponto.

Fez-se silêncio. Parecia ter caído a ligação.

— Vadia!

Passados minutos, de novo a musiquinha tocou no celular. A primeira coisa que faria quando chegasse ao escritório seria reconfigurar o som do *iPhone*, essa musiquinha causava-lhe tensão. Tocou outra vez, ele escorregou o dedo no touch, nem teve tempo de dizer alô, Luana cuspiu fogo. Rodolfo apreciava os ditos populares.

— Olha aqui, digníssimo Rodolfo, você vai conhecer a "vadia" se é isso que pensa da mãe de seus filhos.

Oh, droga! A Luana ouviu seu desabafo. Ele tentava em vão se desculpar.

— Tenha calma, Luana... eh... não quis dizer... — ela continuava esbravejando. — Escute...

— Não sou idiota, Rodolfo, sei o quanto você recebeu de premiação, mas isso é outra história. Preciso de dinheiro urgente. Coloque em minha conta dois mil e trezentos e cinquenta reais até sexta-feira.

— Luana, olha, estou a caminho do trabalho.

Por acidente, desligou.

Rodolfo sentia-se entre a cruz e a espada. Aquela ingrata!

O sinal de trânsito fechou. Rodolfo apertou os ombros para diminuir a tensão.

Pior, ela confundia as coisas, não sabia separar os papéis de ex-marido e de ex-mulher dos papéis de pai e de mãe. Os filhos deviam ser poupados das desavenças. Rodolfo ficava dividido entre fazer um empréstimo no banco para resolver o problema dela, ou correr o risco de vê-la cumprir as ameaças ruidosas de levá-lo à justiça.

Não. Definitivamente não cederia aos caprichos da Luana.

Só que o telefone tocou outra vez, por instinto ele atendeu.

— Não vou colocar dinheiro em sua conta. Pode esquecer, Luana.

— Como esquecer, Rodolfo? Eu preciso dessa quantia urgente. Se vira!

— Eu preciso, eu preciso... sempre a mesma ladainha, até quando Luana?

Por trás daquela discussão, sem pé nem cabeça, havia más intenções. Rodolfo conhecia bem os truques da ex-esposa.

— Até quando? Aha... você sabe, Rodolfo, como sabe.

— Não tenho o dinheiro, Luana. Desta vez quem vai se virar é você.

— Se sua decisão está tomada, me aguarde.

— Como assim, Luana? O que você pretende fazer? Luana... Luana?

Desligou.

Cínica. A melhor descrição para aquela infeliz. Embora Rodolfo estivesse no "vermelho", a quantia pouco importava. Luana sempre fora dissimulada, durante os anos de casados queria tudo ao modo dela. Então, estaria blefando? Teria coragem de levar a cabo as ameaças? *Oh, God!* Talvez ele devesse ligar de volta para acalmar aquela desvairada.

— Ora, dane-se!

Capítulo 8

Para Rodolfo era horrível saber das perdas financeira, do endividamento e que chegava perto do fundo do poço. Além disso, a ex-esposa o confrontara, exigindo mais dinheiro. Àquela altura, ele só queria paz para enfrentar a reunião de diretoria adiada para hoje. Mas quando entrou na sala apressado, como de hábito, quase se esbarrou em Maria Francisca, sem dizer-lhe sequer bom dia.

— Misericórdia, seu Rodolfo, por acaso dormiu comigo?

— Cadê o envelope?

— Ali, olha — apontou o dedo para o envelope. — Em cima da sua mesa. Melhor o senhor pagar logo a conta de luz.

— Hoje não estou para conversa, Maria Francisca.

— É... já vi tudo — ela disse.

Rodolfo foi abrir a janela, correr a cortina e, então, Maria Francisca continuou:

— O senhor iria gostar de saber do que eu sei.

De novo a conversinha de "saber do que sei". Ele parou por instantes o que fazia, girou o corpo, cruzou os braços e perguntou:

— E o que é que você sabe e acha que eu vou gostar de saber?

— Acho não, tenho certeza.

— Desembucha!

— É sobre a minha mentora do coração.

— Mentora do coração, Maria Francisca? Ora, eu tenho mais o que fazer.

Ele voltou a correr a cortina..

— Se o senhor me escutasse, ia saber direitinho por que ela é a mentora do coração.

— Maria Francisca, vamos combinar, isso é baboseira.

— É, seu Rodolfo, pode ser baboseira para o senhor. Não pra mim, sabe? — ele descobria que se não a ouvisse, ela iria ficar ali o dia inteiro. Terminou de correr a cortina e grudou os olhos na copeira. Francisca continuou. — Cerca de três anos atrás, quando encontrei a mentora, minha vida tava um perrengue danado — Rodolfo apenas balançava a cabeça. — Eu tinha mais dívida do que salário. Além de outros probleminhas na família.

— E...

— Ela, com aquele jeitinho atencioso — Maria Francisca completava —, fazia pergunta. Muitas perguntas, seu Rodolfo. A resposta era difícil. Eu tinha de pensar antes de falar.

— Que pergunta?

— Ah, por exemplo, quando eu reclamava que nada dava certo em minha vida, a mentora dizia: "Nunca, em sua vida, em nenhum momento, alguma coisa deu certo?"

Rodolfo gostou de saber dessa habilidade da mentora. Mas precisava interromper a conversa.

— Tem o cartão dela? — perguntou.

— Vou ver se acho lá em casa e trago para o senhor amanhã.

— Vai ver ou vai trazer?

— Vou ver, seu Rodolfo.

— Como vai ver, Maria Francisca, eu preciso desse cartão amanhã!

— Olha aqui, seu Rodolfo, vou trazer se eu achar — ela respondeu e saiu.

Rodolfo despejava sua bronca na copeira, exigindo dela a promessa de trazer o cartão da tal mentora como se Maria Francisca fosse a responsável por suas crises e o cartão, a tábua de salvação. Mas quem era a mentora? Como ela o ajudaria a se livrar da maré baixa? A Maria Francisca, por acaso, saberia o significado de mentor? Isso pouco importava, amanhã, quando ela trouxesse o cartão, ele tiraria as dúvidas direto na fonte.

Quase na hora da reunião de diretoria, Rodolfo pegou o iPad e uma planilha impressa para justificar a baixa produtividade. Teria de provar que a meta tinha sido mal dimensionada.

Subiu as escadas até o terceiro andar. Júlio e o diretor já estavam na sala. Quando a reunião começou, Rodolfo ficou estarrecido com a ironia do diretor.

— Pelo visto não gostou do prêmio, não é, Rodolfo? — disse o diretor, apontando na tela a baixa produção da equipe dele.

— Não entendi a provocação – respondeu Rodolfo.

— Ora, historicamente, quem é premiado uma vez, tenta superar, ir à Convenção Anual. Do jeito que estão os números de sua região, esqueça a Convenção, meu caro.

— Pra dizer a verdade, a meta é impossível de ser cumprida – justificou Rodolfo.

— A palavra impossível não faz parte do dicionário de um gerente comercial com sangue nas veias, Rodolfo – despejou o diretor.

— Você sabe que não sou de jogar a toalha, mas quero rever esses números. Já conversei com os vendedores, eles estão enfrentando problemas no fechamento.

— Que tipo de problemas? – questionou o diretor.

— Preços altos em relação à concorrência, prazos inadequados, falta de publicidade, de promoções ou de campanhas de incentivo.

— Seu pessoal reclamou disso, Júlio? – O diretor confrontava Rodolfo, buscando apoio no outro gerente.

— Negativo. As coisas vão muito bem – respondeu Júlio.

As farpas voltaram para Rodolfo.

— Cá entre nós, Rodolfo, isso não passa de desculpas esfarrapadas – contestou o diretor.

— Discordo! – disse Rodolfo, socando a mesa.

O diretor se levantou, pousou as mão sobre a mesa, curvou o corpo quase na cara de Rodolfo e disse com veemência.

— Presta atenção, Rodolfo. Pega esse estresse e transforma em energia para superar a meta. Você tem trinta dias para virar o jogo. Trinta dias! Ou...

— Vai me demitir? – reagiu.

Rodolfo havia ultrapassado os limites ao retrucar de modo grosseiro às provocações do diretor, mas não se importava. Agora teria de assumir as consequências de seus atos. Ou viraria o jogo em trinta dias, ou... Rodolfo desejou sumir daquela sala. Trinta dias, trinta dias... como superaria as vendas em trinta dias?

Fechou os relatórios e desligou o iPad.

Capítulo 9

A fatídica reunião terminou na hora do almoço. Rodolfo, furioso com a reação do diretor, queria desabafar antes de perder a cabeça. Resolveu ir ao encontro de Daniel, seu amigo de infância, agora professor universitário, no boteco "sujinho" ao lado da universidade em que ele lecionava. Mas preferiu não avisá-lo. O amigo cético tinha hábitos previsíveis. Ele estaria no "sujinho" naquele horário, sem sombra de dúvidas.

Rodolfo entrou no famoso bar por volta de 12h30. Correu as vistas pelo ambiente, todas as seis mesas de plástico branco estavam ocupadas, viu apenas um banquinho à beira do balcão. Nem sinal do amigo. Sentou-se e tirou o *iPhone* do bolso.

Só faltava Daniel estar de folga hoje. Droga!

Selecionou o nome dele e apertou o indicador no número. Tocou até cair a ligação. Apertou de novo. Direto na caixa-postal. Não quis deixar recado. Talvez Daniel estivesse em sala de aula. Então, fez o pedido ao garçom.

— Por favor, uma água com gás.

Quando o garçom saiu para buscar a água, Rodolfo ouviu uma voz familiar. Ele torceu o pescoço, viu Daniel entrando com outras duas pessoas. Levantou-se e acenou. O amigo se aproximou.

— Rod! — Daniel arqueou a sobrancelha. — O que faz aqui a essa hora?

— Vim almoçar com você.

Daniel estapeou as costas do amigo, seu jeito estúpido de cumprimentar. Depois respondeu.

— Sem onda, Rod, isso aqui não serve o seu prato preferido. Desembucha.

— Calma, já explico — Rodolfo olhou ao redor procurando por outro banquinho para o amigo.

— Estou calmo — afirmou Daniel.

O garçom se aproximou com a água e outro banquinho. Daniel se acomodou.

– Consegue ver uma nuvem negra acima da minha cabeça, Daniel?

– Não – respondeu.

– Pois tem.

Daniel meneou a cabeça para os lados. Rodolfo continuou:

– Certos dias parecem não ter fim. Hoje cedo, a Luana me aporrinhou. Depois, suportei a indignação do diretor por causa dos "números", as metas de produção estavam abaixo do esperado... – o amigo acompanhava a conversa movendo a cabeça, agora para cima e para baixo. – Pra dizer a verdade, Daniel, estou por aqui – Rodolfo ergueu a mão à altura da cabeça. – Atolado de problemas, mas a Luana é o pior deles, ela faz questão de me espezinhar.

Os ombros caídos podiam denunciar o estado de espírito de Rodolfo. Impotente seria a palavra mais adequada.

– O que a "dona" Luana fez desta vez, Rod?

– Ela pensa que eu tenho um pé de dinheiro em casa, só pode ser, Daniel. Quero dizer, Luana tem gana por grana – como de costume, Rodolfo brincou com o trocadilho.

– Dinheiro... sempre dinheiro – disse o amigo. Em seguida, levantou a mão, dando sinal para chamar o garçom.

– A conversa com a Luana não terminou bem – completou Rodolfo. – Ela ameaçou entrar na justiça para ajuste de pensão.

– Ajuste de pensão? Espera aí, Rod. Qual a alegação dela?

– Aquela ingrata deve ter ficado irada por eu ter viajado com os meninos. Acha que estou nadando em dinheiro. Pra ser sincero, Daniel, a situação é crítica. Estou quebrado. Já cansei de repetir, ela não acredita.

– Como quebrado, Rod? Você acabou de ganhar uma premiação. Viajou com os filhos. Deve ter guardado parte da grana, não?

– Hum...

– O que isso significa?

– Torrei muito dinheiro na viagem, não me preocupei em economizar. Meus filhos mereciam o melhor. Na diversão, deixei gastarem à vontade. Agora, amigo, vem a parte dramática, eu reservei parte do dinheiro pela primeira vez na vida.

– Uau! E o que isso tem de dramático, Rod?

– Investi em ações na Bolsa de Valores.

— Nem precisa dizer nada. Acompanhei os movimentos dos últimos dias. Caraca, amigão, você está mesmo ferrado.

Como se quisesse consolar o amigo, Daniel apoiou a mão no ombro de Rodolfo, apertando-o com força, totalmente sem noção do peso de suas mãos.

— Isso vai passar – disse Rodolfo, afastando a mão do amigo de cima do ombro.

Ao longo da vida, Rodolfo tivera várias fases de maré baixa que insistiam em voltar. A sensação de impotência, de fracasso, empurrava-o para o fundo do poço.

— Droga de vida! – Rodolfo despejou a raiva socando o balcão com tanta força, que a mão latejou por segundos.

— Age sem pensar nas consequências, depois reclama – ponderou o amigo. – Rod, está na hora de aprender a controlar sua vida financeira.

— Controlar! Esqueça.

Rodolfo se levantou. Andou até a porta. Ficou ali, apoiado no batente, mirando o vácuo. Sua crença de que isso passaria como nas outras vezes, aos poucos se esvanecia. Seu comportamento gerava resultados ruins. Trabalhava duro, mas só acumulava contas a pagar. Com tantas obrigações, como conseguiria economizar? Deveria deixar de pagar a escola dos filhos ou o financiamento do apartamento onde viviam com a mãe? Não, precisava ter outra maneira. Daniel poderia ser seu mestre das finanças.

Rodolfo retornou.

— Olha, Daniel, dou duro no trabalho, ganho razoavelmente bem. Você sabe disso. Mal recebo o salário, o dinheiro, oh!, evapora.

— Evapora como, Rod? Dinheiro é sólido.

— Ah, Daniel, que mania de levar tudo ao pé da letra! Quis dizer evaporar, pagar as dívidas, começando pela pensão alimentícia, aluguel, contas em débito automático, escola dos meninos, financiamentos, cartões, etc... – Rodolfo se contorcia no banquinho ao escancarar a dura realidade. – Fui claro?

— Com certeza. Meu receio é a tal da et cetera. Gosto das coisas bem esclarecidas, você me conhece.

— Conheço... Há muito tempo.

Rodolfo, de cabeça inclinada para baixo, levantou o olhar na direção do amigo que firmava o cotovelo no balcão. Depois, apoiou o queixo, encarando-o como se estivesse buscando palavras adequadas.

— Rod, tenho curiosidade de saber como você controla sua vida financeira.

— Eu?

— Quem mais está aqui, na conversa? — Daniel era também pragmático. Ele pegou um guardanapo, tirou a caneta do bolso e começou a fazer traços na horizontal e na vertical. Continuou. — Por acaso já ouviu falar em fluxo de caixa? — Rodolfo prestava atenção sem nada dizer. — Nesta linha — continuou Daniel, mostrando a parte de cima das linhas horizontais —, registra-se as entradas, percebe? Na parte de baixo, as saídas. Aqui, no fim, você puxa a soma, entradas menos saídas. Pressupõe-se resultado positivo. Devemos gastar menos do que ganhamos. Essa é a regra.

— Sei.

— Sabe mesmo? — provocou Daniel. — Então me diz, você tem consciência dos seus gastos?

Lá vinha o economista se exibindo.

— Consegue, Rod, avaliar a diferença dos juros cobrados no cartão de crédito, no cheque especial, no empréstimo pessoal? Conhece seus hábitos de consumo, sr. Rodolfo? Vamos lá, desembucha!

— Para de falar "economês", Daniel!

Rodolfo, desde criança, costumava ser gastão. Era receber a mesada e torrar todo o dinheiro. A irmã mais velha, Fernanda, diferente dele, sempre guardava parte da mesada no cofrinho. Para Rodolfo ter ou não dinheiro era normal.

— Meu amigo, isso é o básico — explicou Daniel. — Qualquer pessoa ajuizada deveria saber controlar o orçamento pessoal. Você sabia que mais de sessenta porcento da população brasileira anda endividada?

— Não fazia ideia.

Rodolfo já não queria continuar aquela toada. Talvez o amigo tivesse razão, mas, a essa altura, sermão nenhum pagaria as dívidas.

— Então, diga-me, o que o impede de organizar sua vida financeira?

— Quer mesmo saber?

Rodolfo pousou os cotovelos no balcão, cruzou as mãos e apoiou a testa por instantes. Essa conversa com o amigo o remetia a memórias da infância, também da adolescência. Ele foi um gastão sem igual. Comprava coisas desnecessárias só pelo prazer de torrar o dinheiro. Jamais guardou um centavo. Em compensação, sempre teve tudo o que desejou, mesmo apelando para as reservas das irmãs ou da mãe. Teria sido mais inteligente guardar parte do dinheiro, passar vontades, em vez de adotar o velho dito popular: "mais vale um gosto do que dinheiro no bolso"? Ele não se arrependia do passado, mas a situação atual pedia mais cautela.

Pensando como Daniel, o amigo provavelmente diria "tanto vale um gosto quanto dinheiro no bolso". Daniel nunca fora de gastar dinheiro à toa.

— Pra ser sincero – comentou Rodolfo, completando o raciocínio –, eu é que tenho curiosidade de saber como você, desde cedo, aprendeu a controlar sua vida financeira.

— A bem da verdade, Rod, meu pai sempre foi rigoroso. Se meus irmãos e eu pedíamos dinheiro, lá vinha o sermão: "quer dinheiro pra quê? já está de barriga cheia, isso basta."

— Então, esse foi jeito dele ensinar vocês a economizar?

— De certa forma, sim. Mas se eu tivesse filhos, não repetiria os ensinamentos do meu pai. Por um lado foi positivo, aprendi a controlar meu dinheiro, por outro passei muitas vontades. Ainda hoje, penso três vezes antes de decidir comprar bens ou mesmo curtir momentos prazerosos. Em vez de suprir essas vontades, prefiro ter dinheiro no bolso.

— Entendi.

A sessão nostalgia fez emergir outras memórias do passado. A família de Rodolfo passou um bom período de vacas magras. Ele não sabia ao certo o que aconteceu, mas o padrão de vida deles sofreu forte impacto entre a infância e a pré-adolescência.

— Meu pai era hábil em lidar com as finanças – explicou Daniel orgulhoso. – Ele fazia questão de reunir a família para planejar as despesas mensais, desde que éramos crianças.

— Desde criança?

— Isso mesmo. Desde criança. No último dia do mês, logo após o jantar, era de praxe ele pegar a pasta azul-pavão cheia de contas: boletos, carnês, recibos, cupons fiscais. Espalhava a papelada sobre a mesa, colocava os óculos de grau na ponta do nariz e passava o olho por cima de todos nós: minha mãe, minha irmã, meu outro irmão e eu. Depois de lançar as contas, ele puxava a soma na calculadora financeira. Daí mostrava os gastos do mês, comparando-os com o anterior. Por fim, despejava as recomendações: "As contas de luz e telefone aumentaram em relação ao mês passado, vocês estão abusando. Teremos de reduzir tantos por cento." Minha mãe, mediadora, dizia: "Nem foi tanto assim, você é exagerado, mas está certo, vamos reduzir os gastos, a natureza vai agradecer."

— E sobre investimento, o que seu pai dizia?

— Sempre batia na mesma tecla: "quando começarem a trabalhar, guardem dinheiro, meus filhos, assim vocês terão mais poder".

— Estou admirado, Daniel. Nunca passou por minha cabeça envolver crianças no planejamento doméstico.

— É, amigão, nota-se — espetou Daniel. — Por outro lado não deixa de ser verdade que o dinheiro é para nos dar prazer, como você sempre diz, Rod. Mas planejar ajuda muito. Olha, amigão, cá entre nós, eu me lembro bem do seu jeito perdulário.

Perdulário...

Rodolfo abaixou a cabeça de novo, queria ignorar o comentário do amigo, mas as palavras reverberaram mente adentro.

A constatação de Daniel vinha ao encontro da observação do pai de Rodolfo, que acusava o filho de gastar sem pensar nas consequências. Parecia tão simples cuidar do orçamento, só uma questão de hábito. Hábito. Sua família jamais praticara isso. Agora Rodolfo também tinha uma família e nunca se sentara com os filhos para conversar sobre o assunto. Seria muito triste ver os filhos, no futuro, passando por dificuldades financeiras. Só que mudar o passado era impossível. Entretanto, construir um futuro mais inteligente só dependeria de suas atitudes.

Rodolfo saiu do "sujinho" e seguiu de volta para a empresa. Ele tinha de revisar os números, descobrir a fórmula mágica para aumentar a produção antes do fim do dia. Mas sua disposição para aquilo beirava a zero. Preferiria ir direto para casa dos pais. Sua mãe, sim, ela possuía o dom de acalmá-lo. Já Daniel, a quem Rodolfo recorrera, só conseguira deixá-lo mais tenso.

Aquilo não era se acalmar de verdade, concorda?

Em sua sala, Rodolfo abria e fechava as gavetas da mesa sem sequer saber o que procurava. Naquelas gavetas não encontraria a fórmula mágica.

— Droga! — socou a mesa como de costume.

Sacudiu a mão. Depois, desligou o *notebook*, abriu a pasta em cima da mesa, enfiou o equipamento e as planilhas de produção. Fechou-a. Apoiou os braços sobre a mesa. Por instantes ficou paralisado, o olhar vazio na direção da porta. Ocorreu-lhe falar a sós com o diretor, talvez pudesse dirimir o mal-entendido, revelando seu momento atual. Ah, o que aquele arrogante poderia fazer por Rodolfo?

Capítulo 10

Mais tarde, Rodolfo estacionou em frente a casa dos pais, abriu a porta do carro e saiu. Em vez de fechar a porta, apoiou o braço e ficou ali, paralisado. Passou a mão no estômago para abrandar o aperto causado pela ansiedade. Diante dele, observou o amplo jardim desenhado com maestria pelo paisagista. A cerca viva, baixa, podada com zelo pelo pai. A casa, de arquitetura antiga, saltava imponente valorizada por sua estrutura construída em terreno acidentado; muros altos, apenas nas laterais, separavam a vizinhança. Na parede lateral, à esquerda, o portão de madeira maciça, bem-talhado, escondia os fundos da casa. As enormes janelas, que na infância não possuíam grades, era sua rota de fuga por conta das travessuras. Travessuras! Numa delas quebrou a perna. Agora, mais pareciam prisão. Teria de voltar a morar ali, depois de tanto tempo?

— Maldita ansiedade!

Fechou o carro, ergueu o braço à altura do peito, girou o pulso, apreciou por instantes o relógio de estimação que recebera de presente do avô materno, naquela casa, há mais de vinte anos. Depois tocou a campainha. Logo a mãe apareceu. Ele subiu os degraus, enquanto relembrava os tempos de infância ao voltar da escola. A cena se repetia, o sorriso largo estampado no rosto dela nada tinha mudado, transmitia alegria suficiente para encobrir a tristeza que teimava em abrigar-se nele. Se abraçaram. Ele queria se esquecer dos problemas, mas perguntas berravam mente adentro: pediria empréstimo, abrigo?

Era uma decisão difícil.

Ouviu a voz do pai vindo lá dos fundos.

— Quem é, Dora?

— Rodolfo chegou, Lício.

Naquele instante, ele soltou-se da mãe e foi ao encontro do pai. Ela continuou falando, enquanto andava em direção à cozinha.

— Filho, fiz seu bolo predileto, quer provar agora? — sempre preocupada em agradá-lo.

— Daqui a pouco, mãe. Vou ver o que o pai está aprontando.

— Escuta, filho — ela parou e sussurrou para Rodolfo. — Paciência com seu pai, ele anda muito distraído.

— Está bem.

Ele seguiu adiante, logo avistou o pai em cima da escada, consertando o varal na área de serviço.

— A bênção, pai.

— Ah! Rodolfo, espera um pouquinho. Já desço.

— O senhor quer ajuda?

— Não, já terminei. Olha! — ele sacudiu a armação. — Tá firme.

Rodolfo foi ajudar o pai a descer da escada. No primeiro passo, escorregou nas ferramentas espalhadas no chão, por pouco não derrubou o velho Lício.

— Nossa! — levou a mão aos olhos, teve a sensação de que a sua cabeça girava; apoiou-se na máquina de lavar roupas.

— Você está bem? — perguntou o pai, já no chão, enquanto recolhia as coisas espalhadas.

— Um pouco zonzo. Já, já passa.

— Tome água. Isso deve ser fraqueza.

— Tá — na mesinha ao lado da máquina, viu uma jarra de água. Arrastou-se até ela, encheu o copo e tomou dois goles.

— Pronto. Tudo em ordem — disse o pai já com a maleta de ferramentas na mão.

— Pai, o senhor deveria chamar um especialista para fazer isso. Podia ter caído da escada.

— Ah! Besteira! Sempre fui eu quem fez os reparos! Tá me chamando de velho, Rodolfo? Ademais, quem quase caiu foi você, ora, ora!

Um tombo literal, além de outros.

Caminharam silenciosos em direção à cozinha. A falta de assunto com o pai, sim, isso era um velho hábito. Rodolfo passava a mão no pescoço como se pudesse aliviar o aperto que sentia por desejar falar, mas nenhuma palavra vir à tona. Situação delicada, precisava expor seu problema, de novo, pedir ajuda ao pai, na esperança de que, desta vez, ele reagisse de outra forma. Mas não podia. Deu um passo adiante do pai, abriu a porta.

Já na cozinha, o velho Lício foi guardar as coisas na dispensa, errou a porta e entrou no banheiro da empregada. Rodolfo, ao lado da mãe, o seguia com o olhar. Ela o cutucou, como que chamando sua atenção pela distração do pai.

— Pai, me dê isso aqui – disse. Aproximou-se do pai e, em seguida, tomou-lhe a maleta. – Vou guardar na dispensa.

A mesa da cozinha estava farta: Frutas, queijos, pães e o bolo de fubá cremoso, feito especialmente para o queridinho. Sua mãe cortou generosa fatia, depois estendeu-lhe o prato.

— Pra mim o primeiro pedaço?

Ela piscou e disse:

— Fiz esse bolo pensando você, filho! Seu pai nem gosta muito de bolo de fubá.

— Quem disse isso, Dora? – resmungou o pai.

Rodolfo e a mãe cobriram a boca escondendo o riso.

Mal terminaram o café, a mãe já se preocupava com o jantar.

— Filho, você vai ficar para jantar com a gente.

— Jantar, mãe? Acabamos de comer.

— Café da tarde não é janta. Você bem conhece nossos hábitos.

Hábitos. Ele queria conhecer outros.

A mãe e o pai continuaram na cozinha. Rodolfo foi dar um giro pela casa. Começou pelo antigo quarto. O aperto no peito foi imenso. Já não se identificava com nada, o cheiro não era mais seu. Insistiu em buscar qualquer outro sinal; em vão. As prateleiras que antes ostentavam sua rara coleção de carrinhos tinham nova função, guardar pilhas de livros e DVDs.

O sentimento de decepção desencadeou um nó na garganta. Ele queria evitar qualquer desconforto diante dos pais. Então, deu passos até a janela, abriu-a, apoiou as mãos no batente e respirou o ar do fim da tarde. O cheiro da dama-da-noite se espalhava. Trazia-lhe boas recordações.

Tomado de tristeza, dali foi direto ao quintal, ele queria encontrar qualquer evidência de sua identidade naquele ambiente. Nos fundos, via o abacateiro à esquerda, o pé de manga rosa à direita. Até as formas das árvores tinham mudado. Rodolfo correu os olhos pelo ar na esperança de encontrar qualquer coisa, pensamentos perdidos... Nada! Há tempos não prestava atenção à casa da infância.

Sentou-se no banco de madeira, debaixo do ipê-rosa, o cantinho dos namorados, assim batizado por simbolizar o primeiro beijo roubado da linda vizinha, Maria Luísa, paixão da pré-adolescência.

Tudo mudou.

Por dentro o vazio no peito golpeava a angústia. Rodolfo não pertencia mais ao lugar, ou o lugar não pertencia a ele.

Difícil decisão, muito difícil.

Escutou passos. De tão suaves, logo deduziu de quem eram. A mãe se aproximou e se sentou ao lado dele. Rodolfo abraçou-a.

— Meu filho, sinto falta disso, você devia nos visitar mais vezes.

Ele riu contido, apertou a mãe contra o peito. Por dentro, a voz gritava. Dona Dora mal sabia o que lhe era reservado. O momento da verdade chegaria.

— Também sinto falta disso, mãe — beijou a cabeça dela.

— Vamos entrar! Me ajude a por a mesa. Ainda me lembro daqueles tempos de disputas pelo segundo lugar de honra entre você e suas irmãs.

— A senhora ainda se lembra disso?

— E como não haveria de me lembrar? Fernanda, você e Mariana enchiam a casa, filho.

Naquele instante eles cruzaram o olhar. Rodolfo percebeu a lágrima escorrendo na face da mãe, ela se emocionava à toa.

— Eu queria ser como papai, ocupar a outra ponta da mesa. Aí, a Nanda defendia o direito dela por ser a mais velha. Já a Mari, ela se divertia, ora torcia por mim, ora pela Nanda. A confusão só acabava quando o papai limpava a garganta, pregava os olhos em nós e, sem dizer uma palavra, nos calava.

Rodolfo detestava aquela postura do pai. Pior, muitas vezes ele se pegava agindo da mesma maneira. Por Deus, isso o assustava.

— Bons tempos aqueles, Rodolfo. Tempos que não voltam mais.

— Ih, mãe, a senhora está muito nostálgica. Tempo bom é esse aqui e agora. Olhe pra essa mulher linda, cheia de vida ao meu lado, isso não tem preço, dona Dora.

Entrelaçaram os braços, seguiram para a cozinha. A mãe contava as últimas novidades da família, dos amigos, quem tinha casado, separado, morrido...

— Ah, Rodolfo, lembra da tia Zuleica, irmã mais velha do seu pai?

— Lembro, ela vem nos visitar?

— Deus nos livre disso, filho – Dora fez o nome do pai. – Ela faleceu há dois meses, só ficamos sabendo ontem. Não acha falta de respeito deles não terem nos avisado?

— Não me diga! Morreu de quê?

— Olha, filho, fiquei tão chateada, nem quis encomprir o assunto. Seu pai ficou amuado.

— É, mãe, bem dizia a vovó "pra morrer bastava estar vivo".

— Olha, melhor você dar atenção ao seu pai. Além de distraído, ele anda muito triste, mais calado que o normal.

— Tá certo – e para interromper a tristeza: – Qual é o cardápio do jantar, dona Dora? Espera, não fala ainda, deixa-me adivinhar... Hum! Panqueca de carne gratinada.

— Bidu! Como sabe?

— O cheiro inconfundível do seu molho, mãe.

Já na cozinha, Rodolfo esperava o momento certo de pedir o empréstimo ao pai, outra hipótese seria abrigar-se na casa deles. Enquanto isso, ajudava a mãe a pôr a mesa. Três pratos, talheres, copos de cristal para água, guardanapos de linho. No centro da mesa a salada de folhas verdes frescas; capricho dela, sempre comprava hortaliças cultivadas sem agrotóxico do senhor Juca da quitanda. Também, a pequena cesta de vime cheia de pães quentinhos. Ele e o pai sentaram-se. Desta vez, a outra cabeceira ficou livre.

Dora trouxe a travessa de panquecas ainda jogando fumaça pelo ar. Colocou-a sobre a mesa, o cheiro encheu a cozinha. Molho à bolonhesa, o ponto fraco de Rodolfo. Ele meteu a colher; pegou logo uma; a salada ficaria para depois. Salpicou queijo ralado, preparou a garfada, hum..., lambuzava-se de prazer.

— Está boa, filho? Nem experimentei – a mãe buscava elogios.

— Mãe... hum, digna de rei sua receita.

Lício comia silencioso. Rodolfo só queria uma brecha para fazer o pedido. Puxou assunto. Falaram de futebol, a paixão de Lício. A mãe, para não ficar de fora, metia novela no meio. Ela os posicionava sobre as últimas intrigas da trama do horário nobre. Daí entraram na política. O pai ficava alterado ao falar das assombrosas notícias veiculadas, escancarando o caráter de políticos inescrupulosos que faziam fortunas à custa do povo.

— Ninguém faz nada! — disse o pai. — Até quando, eu pergunto, até quando nós vamos ficar quietos diante dessas aberrações?

Depois calou-se. Rodolfo esperou baixar a adrenalina para expor seu problema.

— Pai, mãe... — ambos ergueram a cabeça, colaram os olhos nele. Rodolfo pôde notar a expectativa na postura deles. O movimento dos talheres congelou. — Preciso compartilhar com vocês um assunto delicado.

— Qual é o problema, Rodolfo? — antecipou-se o pai.

— Estou muito constrangido. Nem sei por onde começar.

— Assim você me deixa mais aflita, Rodolfo. Fala de uma vez, menino!

Ansiosa, como sempre, a mãe o forçava a ir direto ao ponto. Rodolfo descobriu de onde vinha a sua ansiedade.

— O proprietário pediu a desocupação do flat há seis meses, só ontem tomei conhecimento. Agora faltam menos de noventa dias. Vão mover ação de despejo, caso eu não o entregue na data prevista. É... — Rodolfo limpou a garganta, os dois continuaram de olhos grudados nele. — Preciso de... — ele abaixou a cabeça, depois a ergueu na direção do pai. — Dez mil reais para quitar as dívidas atrasadas. Em seis meses eu devolvo com juros.

Seu pai também abaixou a cabeça, apoiou os cotovelos sobre a mesa, passou as mãos nos cabelos. Rodolfo conhecia bem essa postura, coisa boa não podia esperar. Por um lado, sentia-se aliviado, tinha colocado para fora a agonia. Por outro, queria sair correndo como nos tempos de criança para fugir das chibatadas.

A mãe, sempre acolhedora, abriu-lhe o sorriso discreto, depois olhou para o marido que continuava de cabeça baixa. Ela meneou a cabeça para os lados, fixou o olhar no filho como se quisesse dizer: "seu pai é assim mesmo, vai dar tudo certo."

O silencio logo foi interrompido. O pai pousou as duas mãos sobre a mesa, limpou a garganta, virou o rosto em direção ao filho e despejou:

— Olha, Rodolfo, isso não é certo. As coisas mudaram, só você não mudou. Continua o mesmo de sempre. Gasta dinheiro sem pensar nas consequências, depois chora as mágoas. Hum... ademais, você nunca me deu ouvidos. Sou capaz de apostar que perdeu dinheiro em ações querendo ganhar dinheiro fácil. Pois, desta vez, vai ter de se virar – o pai moveu a cabeça em negativo. – Nem se eu tivesse dinheiro sobrando, emprestaria. Isso para o seu próprio bem – baixou a cabeça de novo, enquanto corria as mãos nervosas pelos cabelos.

Antes de Rodolfo reagir, a mãe tomou a palavra:

— O que é isso, Lício? Você tem suas economias, eu sei. E essa casa é grande demais pra nós dois. Rodolfo pode morar conosco pelo tempo que quiser.

Os dois começaram a discutir. Para evitar mais confusão, Rodolfo intercedeu de forma dura.

— Pai, mãe, parem com isso! Esse problema, de fato, é meu. Vou me virar como papai sugere – disse a última frase de forma cínica. – Vocês não têm obrigação de me acolherem, muito menos de me emprestar dinheiro. Pra dizer a verdade, eu já esperava a sua reação, pai – já em pé, Rodolfo também pousou as mãos sobre a mesa, inclinou o corpo na direção do pai e o encarou. – Nunca pude contar com o senhor pra nada, por que iria mudar agora?

Nem esperou a reação dos pais ao seu desabafo. Saiu esbarrando nos móveis até alcançar a porta. Logo atrás, a mãe acompanhava seus passos rápidos, pesados. Mas ele já não queria ouvir o que ela tinha a lhe dizer.

— Rodolfo, volte aqui meu filho, vamos conversar.

Ele continuou andando sem olhar para trás.

Capítulo 11

Quando chegou em casa, Rodolfo foi direto fuçar as gavetas da cômoda. Desta vez, para encontrar o primeiro aviso de desocupação do imóvel. Ele se agarrava na única possibilidade de prorrogar a desocupação, provando que inexistia o primeiro aviso. Abriu gaveta por gaveta, tirou todos os avisos, espalhou-os sobre a mesa. Depois separou boletos de um lado e avisos de outro. Fez isso em menos de dez minutos. Nada localizou, o que aumentava sua esperança.

Ainda faltava olhar na estante, talvez tivesse deixado lá por engano.

Sua expectativa de que fosse engano da imobiliária, logo se esvaiu ao ver um monte de envelopes entre os livros. Puxou-os. Dentre eles, ainda lacrado, localizou o tal aviso. Separou-o. Antes de abrir, notou o carimbo da portaria do prédio com data de três meses atrás.

– O aviso existe!

Isso significava mudanças. Rodolfo mudaria de casa, de comportamento, de estilo de vida. Sinceramente, ele não contava com essa transformação em tão curto espaço de tempo. Nem sabia por onde começar. Talvez, renegociando as dívidas, reduzindo as despesas. Mas nada disso fazia sentido sem ter dez mil reais nas mãos.

Capítulo 12

Ora! Por que na vida de Rodolfo as coisas não seguiam o fluxo normal? Pela primeira vez, desde a separação há seis anos, conseguira convencer Luana a deixar os filhos viajarem sozinhos com ele. Curtiram dias incríveis na Flórida. Ela, mesmo telefonando todos os dias, a cobrar, para o telefone dele, comportou-se bem. A conta seria alta, ele nem desconfiava o quanto pagaria. Apesar dos pesares, isso não o preocupava. Agora se via perdido. Sua expectativa de conseguir ajuda dos pais caíra por terra depois da reação do pai. Aquele ignorante!

No fundo ele não contava com a rejeição. Foi quando decidiu buscar consolo com a irmã preferida, Fernanda, sua confidente. Ela era casada com Carlos Henrique e tinha uma filha de quatorze anos, a Vanessa. Rodolfo pegou o telefone e digitou o número da casa da irmã. Quem atendeu foi o cunhado.

— A Nanda não está? — Rodolfo repetiu as palavras do cunhado.

— Foi buscar a Vanessa na casa de uma amiga.

— Tá... vou ligar no celular dela.

Despediram-se. Rodolfo, em seguida, selecionou o número da irmã na agenda do *iPhone*. Chamou até cair a ligação. Insistiu mais uma vez. Caixa postal. Não deixou recado.

Passados quinze minutos ou menos, seu celular vibrou. Pegou-o, logo viu o nome da irmã no visor. Atendeu.

— Nanda, que bom você ter retornado à minha chamada.

— Pra você ligar a essa hora, maninho, deve ser encrenca das boas.

— Credo, Nanda, pensei que ainda era seu irmãozinho favorito.

Ela ria da carência do irmão.

— Só quis provocá-lo. Diga lá, maninho favorito!

— É encrenca mesmo, você acertou.

– Sério?

– Sério, Nanda. Terei de deixar o flat em menos de noventa dias.

– Você já sabe aonde vai morar?

– Pois é... Estive hoje na casa de nossos pais. Fui pedir ajuda. Eu queria um empréstimo de dez mil reais. Nem cheguei a cogitar abrigo. Sabe o que papai me disse?

– Nem faço ideia.

– Jogou na minha cara que sou irresponsável com dinheiro.

– Hum...

– O que significa hum?

– Escuta aqui, maninho! Você não vai gostar, mas eu vou dizer. Desta vez, estou com o papai. Ele tem razão. Tá na hora de você aprender a se virar com seus descontroles financeiros, meu irmão. Quase quarenta anos nas costas e continua o mesmo inconsequente...

Ele ficou estarrecido ao ouvir aquilo da irmã, desligou o telefone antes de Fernanda concluir. A maré não estava para peixes. Justo ela, que sempre o apoiara, desta vez resolvia tomar o partido do pai. Agora a única alternativa seria recorrer à Sofia. Só que ele evitava, a todo custo, comentar com a amada sobre seus problemas financeiros. Qual seria a saída?

Andou de um lado para o outro na pequena sala do flat. Devia esperar baixar a poeira, as coisas poderiam mudar.

Capítulo 13

Na manhã seguinte, ao despertar, Rodolfo estendeu o braço até o criado-mudo. Pegou o *iPhone*. Surpreendeu-se ao ler uma mensagem de seu diretor:

"Rodolfo, represente-me na reunião da Vila Olímpia, você conhece bem nossos projetos. Será às 9h. Já enviei a proposta e o modelo do contrato para seu *e-mail*. Vá direto. Se tiver dúvidas, telefone nos próximos vinte minutos".

Os vinte minutos já haviam expirado.

– Oh, droga! Tenho de me apressar – esbravejou.

Faltava pouco mais de uma hora para o compromisso. Tempo suficiente para barbear-se, tomar uma ducha e cair fora. Vestiu o terno, pegou a pasta e enfiou o *notebook* nela, trancou a porta e entrou no elevador, já parado no andar. Torceu para tudo correr bem. Mais uma vez girou o pulso para ver as horas. Trinta minutos era o que lhe restava. Nem tomaria café na padaria vizinha, pois atrasos eram considerados desrespeitosos, sujeitos a represálias no regulamento interno da FIBRAX.

No trajeto, há menos de dois quilômetros do local, o trânsito parou. Ele acompanhava os minutos avançarem no painel do carro. Aquilo parecia coisa feita, o tal do olho gordo para atrapalhar a vida dele. Cinco minutos era todo o tempo que teria para chegar ao escritório. Isso pedia uma decisão imediata: deixar o carro na rua e seguir a pé ou aguardar o trânsito fluir, correndo o risco de perder a reunião.

– Seguirei a pé.

Estacionou o carro na rua. Travou as portas. Saiu a passos largos. À medida que avançava, ele sentia a camisa colar nas costas, o suor encharcava os cabelos. Aquilo era o pior que poderia acontecer, além do atraso. Chegar todo desalinhado. Os minutos corriam, teria de andar mais depressa.

Quando chegou ao prédio, já se passava das nove horas. Apresentou-se à recepção.

— Tenho reunião na diretoria.

— Seu nome?

— Rodolfo Lorc.

— Na lista dos participantes não consta seu nome, senhor.

— Compreendo. Estou substituindo o diretor da FIBRAX.

— Aqui está. O senhor vai seguir por esse corredor, vire à direita, depois à direita de novo. Logo avistará a sala de reuniões. Nossa diretoria já o aguarda há quinze minutos.

Ouvir aquela informação corroeu as vísceras de Rodolfo. Seu diretor parecia agir de propósito. Mania de convocá-lo de última hora para compromissos importantes. Por um lado, parecia bom sinal. A posição de superintendente a ser preenchida nos próximos meses o interessava. De qualquer forma, daria o melhor de si.

Já na entrada da sala, ele deu dois toques na porta. Os três diretores, em gesto sincronizado, bateram os olhos em seus relógios, depois em Rodolfo. O forte impacto causado por este ato intimidador deixou Rodolfo sem ação. Ficou paralisado na porta por segundos, até que um dos diretores se manifestou.

— Entre, Rodolfo, temos menos de uma hora para ouvi-lo.

Rodolfo decidiu não se desculpar pelo atraso. Em vez disso, sacou da pasta o *notebook*, ligou-o. Enquanto o equipamento se preparava, ele narrava a história que unia as duas empresas, falava dos pontos em comum, dos benefícios e resultados esperados na prestação de serviços. Os diretores colaram os olhos nele, fizeram perguntas, sugeriram pequenos ajustes. A exposição foi de tal maneira envolvente que avançaram mais quarenta minutos. A reunião foi finalizada com a assinatura do contrato por dois anos.

Despediram-se ali mesmo, na sala. Rodolfo voltou ao local onde largara o carro. Ao se aproximar do veículo, avistou um papel dobrado no para-brisa.

— Multa?

Pegou-o. Não deu outra, fora multado por falta do talão de zona azul. Droga! Nem percebera que o local era zona azul. Droga, de novo! Que distração! Não poderia sequer recorrer. Não teria justificativas já que negligenciou. Inferno! Mais pontos na carteira de habilitação. Entrou no carro, fechando a porta com força. Seguiu para o escritório.

Por volta do meio-dia, chegou na empresa. Já na sala, largou a pasta sobre a mesa e arrastou-se até a janela. Nem teve tempo de correr as cortinas e a voz de Maria Francisca encheu a sala.

– Problemas, seu Rodolfo?

De costas, apenas torceu o pescoço e repetiu, incrédulo.

– Problemas...

– O senhor não veio de manhã, pensei...

Ele a interrompia.

– Nem sempre ausência significa problemas, Maria Francisca.

– Ah... Estou indo almoçar, mas se o senhor quiser, posso lhe trazer água e café antes de sair.

Ele nada respondeu. Voltou a correr as cortinas, depois deu a volta pela mesa, abriu a pasta, de dentro tirou o *notebook*, puxou a cadeira, sentou-se. Francisca continuava ali, parada, à espera da resposta dele.

– Trouxe o cartão, Maria Francisca?

– Cartão... – ela pousou a mão na cabeça. – Xiii, seu Rodolfo, esqueci por completo de procurar. Eu prometo fazer isso ainda hoje, eu juro – disse, saindo da sala.

Incrédulo com o jeito dela, Rodolfo se questionou. Deveria dar corda à Maria Francisca? Saber até onde iria essa história de mentora? Ou deveria colocar um ponto final nos delírios da copeira?

O cartão prometido, nada. Ora, dane-se!

Capítulo 14

Depois do dia tumultuado, tudo o que Rodolfo mais queria era chegar em casa e assistir tranquilo ao futebol. Quando chegou em frente à garagem do seu prédio, acionou o controle remoto, mas o portão só ameaçava abrir e travava. Isso se repetiu por três vezes. Irritado, baixou o vidro do carro e chamou a atenção do porteiro.

– O portão está com problemas, Severino, você não percebeu?

– Não, Rodolfo. Eu parei de propósito.

– De propósito?

– Faço isso sempre que tem correspondência urgente e precisa de assinatura, mas você é teimoso, fica insistindo.

Não bastava a Maria Francisca, o sem noção do porteiro vinha com suas estratégias fora de hora.

Urgente... Mais uma correspondência endereçada a ele, seria prêmio ou castigo. A essa altura do campeonato poderia ser qualquer coisa.

Estacionou o carro, retornou à portaria. Antes de entregar o envelope, o porteiro apontou o lugar da assinatura na folha.

– Já assino Severino, primeiro deixa eu entender isso – esticou a mão, pegou o tal envelope, leu de um lado, depois do outro. – Empresa de cobrança. Seria... – curioso, abriu o envelope ali mesmo, puxou a carta, AVISO DE COBRANÇA em letras garrafais. Continuou a ler o conteúdo da carta. Referia-se ao *notebook*, que ele já nem usava mais de tão ultrapassado. Adquirido cinco anos atrás. – Castigo.

– O quê? – perguntou o porteiro.

– Nada.

Num lampejo, a mente vagueou no tempo. Recapitulava a negociação, a entrega, ele assinando o comprovante do cartão de crédito naquela mesma portaria. Impossível... Cobrança após cinco anos da compra? A essa altura, desgraça pouca seria bobagem. Após longa pausa, durante a qual nem teve noção do tempo, dobrou o envelope e assinou o comprovante de entrega, largando aquilo no pequeno balcão da guarita. Seus pés o guiavam em direção ao flat.

A princípio, Rodolfo acreditava ser engano. Possível engano. Abriu a porta devagar, ficou estacado no meio da sala, segurando o envelope, os olhos correndo o ambiente. Por dentro, a pergunta persistia: "o comprovante de pagamento, onde estaria? Deveria tentar localizar agora?" Respirou fundo. Abriu a pasta e enfiou o envelope.

Por Deus, isso já passava dos limites, a Lei de Murphy sempre fazia sentido "quando as coisas vão mal, tendem a piorar".

Capítulo 15

No outro dia, por volta das oito horas, Rodolfo já acendia a luz do escritório e repetia sua rotina de correr as cortinas e ligar o computador, quando, de repente, o cheiro de café fresco, vindo da copa, o instigou a ir até lá. Ele aproveitaria o momento para tomar café e pegar o cartão da mentora. Antes, lembrou-se do aviso de cobrança, tirou-o de dentro da pasta, deixando-o ao lado do telefone. Prioridade zero no horário comercial.

Chegando à copa, deu com Maria Francisca preparando o prato de biscoitos de aspecto caseiro.

– O cheiro do café me trouxe aqui, Maria Francisca – foi logo dizendo.

– Tá fresquinho, acabei de passar. Senta aí, seu Rodolfo, já lhe sirvo.

– E o cartão, achou?

– Chegou cedinho hoje, seu Rodolfo – ela deu uma de desentendida, continuou a encher a xícara de café, deu dois passos, tropeçou na perna da mesa, a xícara tombou encharcando a camisa de Rodolfo. – Misericórdia! – ela disse e ficou paralisada.

– Droga, Maria Francisca, tá com a cabeça no mundo da lua? – disse e se levantou, sacudindo a parte molhada da camisa. Ela se fingiu de surda. Apenas ficou ali, diante dele, sem ação. – O que foi agora, vai ficar aí, parada? – ele perguntou em tom ríspido.

– Tira a camisa, seu Rodolfo. Vai, tira isso logo. Se o café secar vai estragar.

– Ora! deixa isso pra lá. Eu mando na lavanderia – respondeu.

– Nem pensar, seu Rodolfo, gastar dinheiro à toa para tirar essa manchinha; eu mesma posso limpar. Faço questão, a culpa foi minha. A menos que... tá com vergonha de mostrar os músculos, seu Rodolfo?

– Eu...

– Larga de bobagem – ela o interrompeu. – Rapidinho eu tiro essa mancha. Tenho aqui um produto poderoso para tirar manchas, seu Rodolfo, basta espirrar na sujeira, é tiro e queda. Aliás, seu Rodolfo, vou dizer mais... tenho a solução para quase todos os seus problemas, pode acreditar.

Rodolfo não podia acreditar na irreverência de Maria Francisca. Como ousava dizer aquilo... solução para quase todos os problemas dele? Mas limpar a mancha de café, isso sim, ela seria capaz de fazer. Observou mais uma vez o tamanho do estrago e começou a desabotoar a camisa ali mesmo.

— Benza a Deus, seu Rodolfo, que beleza de músculos — ele ignorou o comentário dela. — Olha, fica sentadinho aí, tudo vai se resolver em minutos.

— Quero ver.

— Tô dizendo, em minutos. Enquanto isso, como o povo diz: "relaxa e goza".

Rodolfo parecia criança de castigo, ali, parado, enquanto Francisca andava de um lado para o outro, com a camisa dele jogada no braço. Ela arrastou o banquinho para alcançar o produto no armário. Na pressa, pisou de mal jeito, pulou para trás. Poucos teriam a agilidade dela, quase caiu. Ele se levantou e foi ajudá-la a pegar a solução milagrosa.

— Nossa! Tive sorte de escapar desse tombo. Já pensou o tamanho do estrago, seu Rodolfo?

— Você teve sorte mesmo, Maria Francisca! Poderia ter quebrado o banquinho.

— Misericórdia, seu Rodolfo, eu quase quebrei a perna e o senhor se preocupa com esse pedaço de madeira?

Rodolfo pegou o frasco de dentro do armário e o entregou a Maria Francisca. Ela se esforçava para ler as instruções de uso do produto escritas no frasco.

— Xiii. Se ficar mais tempo do que o recomendado vai estragar a camisa.

— Quanto tempo marca aí, posso ver?

Rodolfo tomou o frasco nas mãos, o tempo de reação do produto estava apagado.

— Fica tranquilo, seu Rodolfo. Estou acostumada a usar isso. Cinco minutinhos e pronto! O senhor vai vestir sua camisa limpinha.

— É a minha esperança — disse ele desconfiado.

— A virgem dos aflitos há de me ajudar. Ah! Enquanto espera, experimente esses biscoitos, seu Rodolfo — ela colocou o pratinho cheio de biscoitos sobre a mesa. — Já lhe trago outro café, desta vez, sem acidente.

Rodolfo se constrangia com o jeito debochado de Maria Francisca. Pegou o biscoito. Antes de levar à boca, lembrou-se, de novo, do cartão.

— Você não respondeu à minha pergunta, onde está o cartão?

— Tenho coisa melhor do que o cartão. Já lhe conto.

— Hum... Delícia de biscoito, onde você os comprou?

— Comprou? Sou lá mulher de comprar essas coisas, seu Rodolfo. Eu mesma faço. Fiz esses ontem à noite. Sabe, seu Rodolfo, meu marido gosta demais desses biscoitos e eu... — suspirou maliciosa — dos agrados dele!

— Ele tem bom gosto, deliciosos mesmo.

— Ai, ai... se tem!

Francisca revirou os olhinhos negros e se abanou com as mãos. Sorrisinho maroto colado nos lábios, parecia a Mona Lisa de Leonardo da Vinci.

Pela primeira vez, em muito tempo, Rodolfo achou paciência para falar com Maria Francisca. Ela parecia boa criatura, divertida, atenciosa. Agora, metida a assistente de mentora.

— Posso falar uma coisa, seu Rodolfo?

— Ih, lá vem bomba! Por acaso é sobre a mentora?

— Mais ou menos — ela se debruçou sobre a mesa, apontando a mãozinha gorducha para Rodolfo. — Oh, o senhor é bonitão, tem cara de gente de berço, mas parece que está sofrendo de desilusão, sempre de mal humor.

— De onde tirou isso, Maria Francisca?

— Sabe, seu Rodolfo, pra ser sincera, estou comparando o senhor comigo mesma — ergueu-se, encostando na pia. — Desculpa o mal jeito, mas teve um tempo na minha vida em que eu queria fugir de mim mesma. Fui grosseira com as pessoas que eu mais amava. Eu não queria ninguém se intrometendo na minha vida.

— Está me chamando de grosso?

— Longe de mim falar uma coisa dessa. Sabe, seu Rodolfo, pra dizer a verdade, antes de conhecer a mentora, como eu já disse ao senhor, a coisa tava brava lá em casa... O senhor nem imagina o caos. Meu casamento quase foi para o brejo.

— Quem é essa mentora, Maria Francisca?

— Ah! Um anjo da guarda, linda... Nunca, em minha vida, conheci gente tão boa.

— Tá! Isso é irrelevante, quero saber o que essa mentora faz. Qual é a profissão dela.

— Olha, seu Rodolfo, ela ajuda a gente a resolver os problemas, não sei explicar exatamente qual é a profissão dela, mas me disse que não era psicóloga.

— Agora fiquei sem entender. Ajuda a resolver os problemas só fazendo perguntas como aquela?

— Valha-me Virgem dos Aflitos – disse apavorada. – Estourou o tempo. Deixe-me ver a situação da... – pegou a camisa, olhando-a contra a luz. – Bênção de produto, eu não disse? Saiu tudinho, seu Rodolfo. Agora vou jogar um pouquinho de água pra tirar a química, sabe? Depois eu passo o ferro pra secar. Pronto! – colocou a mãozinha gorducha no queixo. Olhou para cima, depois continuou: – Não, seu Rodolfo. Não é só fazendo pergunta. Eu me lembrei de um dos princípios da mentora, vou ensinar o senhor direitinho.

— Você, me ensinar...

— Só porque sou copeira o senhor me acha incapaz?

— Eu...

Ela o interrompeu.

— Eu não dou a mínima importância para o que o senhor pensa ou deixa de pensar. Juro por Deus. Eu sei o que tô falando. Anotei tudo num caderno, seu Rodolfo, mas não acho nem por reza. Pior, nem o caderno, nem o cartão.

— Procura direito.

— Hum... Se o seu Rodolfo conhecesse a minha casa, entenderia por que não acho as coisas. Mas fica tranquilo. Eu me lembrei e escrevi. Depois eu vou me lembrar do resto. Por enquanto, o senhor vai praticando esse – ela entregou a folha e continuou: – Desculpa o mal jeito, de novo, o senhor bem sabe da minha franqueza. Seu mal humor é pura falta de paixão pela vida. Reaja, seu Rodolfo! Erga a cabeça. Encare a vida de outro jeito. A minha parte eu tô fazendo, o princípio tá aí nas suas mãos, agora o senhor decide.

Calou-se.

Naquele instante, Rodolfo apoiou as mãos sobre a mesa, baixou a cabeça. Francisca ultrapassara todos os limites, mas Rodolfo não discordava das observações feitas. Poderia se abrir com ela, porém, ficou receoso. Desviou o olhar para o relógio digital em cima do refrigerador. Marcava 8h45. Deveria se desculpar por seu mal humor? Ou sair de fininho? Vestiu a camisa já limpa e seca, saiu sem nada dizer.

Já em sua sala, dobrou a folha da Maria Francisca, enfiou-a na pasta, depois foi até a janela espiar o movimento na rua; o trânsito já estava intenso. Retornou à mesa, tirou a carta do envelope e digitou o número indicado para o contato. Após três toques atenderam:

— Carolina da JM cobranças, posso ajudar?

— O senhor José Marques, por favor.

O insuportável interrogatório começou.

— Quem deseja falar?

— Rodolfo Lorc.

— De onde?

— Departamento Comercial da "Fibrax".

— Seria só com ele?

— Sim.

— Qual é o assunto?

Transtornado com tantas perguntas, Rodolfo, esbravejou.

— Pelo amor de Deus, minha filha, basta! — desligou o telefone na cara dela, jogando o fone na base de qualquer jeito.

Levantou-se da cadeira, andou até a porta e apoiou as mãos no batente. Olhava o corredor, vazio. A respiração ofegante bloqueava a sua capacidade de raciocínio. Então voltou, tirou de novo o telefone da base, digitou metade dos números, desligou. Seria melhor pagar um advogado para resolver isso. Mas estava sem dinheiro. Ainda assim, cansado de dar tanta cabeçada, Rodolfo decidiu pedir ajuda ao advogado da empresa, doutor Josué.

Pegou o aviso de cobrança, avançou escada acima. Em minutos, chegou à sala do advogado. A mesa dele, como sempre, atulhada de pastas. Por educação, bateu antes de entrar.

— Entre — disse o advogado.

— Preciso de sua orientação, doutor Josué, é particular — falou Rodolfo enquanto se aproximava da mesa do doutor.

— Que tipo de orientação, Rodolfo?

— Recebi ontem esse aviso de cobrança — entregou o papel. — Trata-se de compra antiga, sem a devida cobrança na ocasião.

— Não cobrada ou não paga?

— Já lhe explico doutor. Há cinco anos adquiri um *notebook* pela internet, o pagamento foi feito no cartão de crédito, à vista.

O doutor o interrompeu.

— Sente-se!

— Obrigado — continuou. — Exigiram a minha assinatura no comprovante do cartão no ato da entrega do equipamento.

— Você está me dizendo que os procedimentos foram realizados, porém, não faturaram.

— Isso mesmo, doutor.

— É... e você não percebeu isso, Rodolfo?

— Sim, percebi. Acompanhei por três meses consecutivos, eles sempre me informando que no mês seguinte estaria regularizado. Acabei deixando pra lá.

— Hum...

— Qual é a saída doutor?

— Pagar. E... — o doutor passou a mão na cabeça. — Desculpe-me, Rodolfo, sua causa não está dentro do âmbito que atuo.

A resposta deixou Rodolfo sem chão. Ele se remexia na cadeira buscando realinhar os pensamentos. Diabos! Voltaria a ligar; buscaria orientação de outro advogado?

— Mas... doutor... — falava aos pedaços.

— Sinto muito — interrompeu o doutor. — Não conte comigo Rodolfo, veja a minha mesa. — Apontou a pilha de processos a serem analisados. — Falta-me tempo para isso, imagina dedicar horas para solucionar o seu problema. Isso é relativamente simples, você mesmo poderá resolver, é só negociar.

Só negociar. Parecia muito simples. Negociar.

Ainda sentado, cotovelos apoiados nos joelhos, cobria o rosto com as mãos para diminuir a pressão na fronte. Outra questão gritava em sua mente: de onde tiraria dinheiro para quitar essa velha dívida?

Levantou-se, olhou para a mesa do doutor, ele lia outro processo, ignorando a presença de Rodolfo. Droga! Não podia perder mais tempo. Essas coisas pareciam ervas daninhas, ocupavam todos os espaços. Onde já se viu, um profissional como Rodolfo, com a agenda lotada de atividades importantes, metas a cumprir, gastando energia para corrigir erros dos outros? Mas, se era a única saída, iria resolver já!

De volta à sala, pegou o telefone e digitou, de novo, o número do escritório de cobrança. A pressão na cabeça aumentava. Ele se preparou para o interminável interrogatório da recepcionista. Respirou fundo.

Como da outra vez, atenderam no terceiro toque. Pelo menos, nesse ponto, a empresa de cobrança era eficiente.

— JM cobrança, José Marques, bom dia!

O inesperado fez Rodolfo paralisar. Ficou mudo. José Marques. Outra vez se identificou.

— Sou Rodolfo Lorc — respondeu por fim.

Aquele pedaço de papel causava imensa desordem em Rodolfo. Inferno! Problemas atraíam outros problemas.

— Em que posso ajudar.

Rodolfo foi direto ao ponto, sem rodeios.

— É sobre o aviso de cobrança recebido de sua empresa ontem.

— Tem o número do protocolo? — indagou José Marques com o tom de voz monocórdio.

— 2005035450 — Rodolfo, ao contrário, respondia com a voz alterada.

— Localizei. Trata-se de um *notebook* adquirido há cinco anos sem o devido pagamento.

— Por ineficiência de seu cliente — Rodolfo retrucou.

— Olha, senhor... Rodolfo. Sinceramente, não nos compete analisar os problemas dos clientes. A natureza da JM é cobrança.

— Isso não vem ao caso. Eu tenho o direito de saber por que esperaram cinco anos para fazer a cobrança.

— Senhor Rodolfo, pra encurtar nossa conversa, caso tenha em mãos os comprovantes de pagamento, apresente-os. Do contrário, o prazo para quitar a dívida é de quinze dias corridos, a partir de hoje.

— Posso saber qual o valor?

— Doze mil reais — respondeu como se fossem doze reais.

— O quê?! O senhor disse doze mil reais?

O telefone despencou da mão de Rodolfo, tal o espanto. Valor suficiente para comprar mais de quatro *notebooks* de maior capacidade nos dias atuais. Abaixou, pegou o aparelho, respirou fundo outra vez. A frieza, o jeito lento do JM falar, causava-lhe profunda indignação.

— Isso mesmo, o senhor ouviu bem — confirmou JM.

— O negócio é o seguinte, senhor José Marques — Rodolfo ergueu um pouco mais a voz, assumindo a postura de mando. — Se devo, pagarei. Minha condição é quitar a dívida pelo valor do equipamento na ocasião, que já era alto. Nenhum centavo a mais.

— Olha, concederei vinte por cento de descontos, nenhum centavo a mais.

Rodolfo sentiu-se pressionado a acatar o erro como se fosse o único culpado. Decidiu, enfim, impor sua proposta.

— Assumirei minha parcela do erro. Reconheço minha negligência no acompanhamento da cobrança. A outra parte é do seu cliente. Já disse e vou repetir, pagarei o valor original. Ah! E em cinco parcelas iguais.

— É o que veremos. Em três dias úteis o senhor será notificado da nossa decisão.

Contando essa história, nem mesmo Rodolfo acreditaria ser possível receber cobrança cinco anos atrasada. Ele teria de buscar recursos para se livrar dessa maldita dívida fora de hora. A preocupação tornou mais intensa a pressão na cabeça; ele não sabia se deveria recorrer ao banco ou negociar a dívida em suaves prestações. Decidiria depois.

Capítulo 16

Apesar de todas as tormentas dos últimos dias, Rodolfo abriu um sorriso discreto ao admirar a foto dele com os meninos tirada em um dos parques. Valeu cada dólar gasto naquela viagem. Ele e os filhos jamais esqueceriam o mundo dos sonhos. Mas, de repente, uma voz o trouxe à realidade.

— Seu Rodolfo, tá muito ocupado? — Maria Francisca entrou na sala sem pedir licença.

— Ahn!

— Como seus filhos são lindos, seu Rodolfo. Por que o senhor não deixa esse retrato em cima da mesa? Tão bonito! — além de tudo, se metia onde não era chamada.

— Vou deixar — ele preferiu concordar a retrucar.

— Seu Rodolfo, queria uma opinião.

— Sobre?

— Sabe o que é, seu Rodolfo? Tô querendo trocar de carro, comprar um zerinho. Eu tenho um dinheirinho guardado, mas o moço da loja disse que os juros de financiamento em setenta e dois meses tão valendo a pena. O senhor acha isso um bom negócio?

— Ih, Maria Francisca, melhor falar com o Júlio, ele está mais por dentro disso.

— Seu Júlio? — ela colocou as mãozinhas gorduchas na cintura. Continuou: — Vou lá.

Maria Francisca saiu. Ele voltou a atenção ao porta-retratos. Buscou uma posição melhor na mesa para deixá-lo à vista. Mas nada era perfeito mesmo! Tinha pago caro por aquilo e agora descobria o defeito, faltava a base de apoio. Droga!

Colou os olhos no porta-retratos ainda em suas mãos. Respirou fundo. Relembrou dos filhos pequeninos, hoje pré-adolescentes. Como seria o futuro deles? Seu receio era que repetissem os mesmos erros do pai e sofressem como ele estava sofrendo por negligenciar as finanças. Teria de ensiná-los a guardar dinheiro, mas como ensiná-los se ele próprio fazia o contrário? Os pais serviam de modelos aos filhos, disso Rodolfo não tinha qualquer dúvida.

Encostou o porta-retratos no porta-canetas, fazia-lhe bem ver a imagem dos filhos.

– Seu Rodolfo – lá vinha a copeira de novo.

– Fala, Maria Francisca – antes de se manifestar, ela desviou o olhar para o porta-retratos. Iria dar palpite sem sombra de dúvidas.

– Ah, mas por que o senhor encostou o retrato desse jeito? Põe isso direito, seu Rodolfo.

– Sabia que você iria falar isso. Eu tinha certeza – ela deu de ombros. – E o Júlio? O que disse do financiamento?

– Seu Júlio me deu uma aula, seu Rodolfo. Ele é... – ela torceu o pescoço para a porta, girou de volta e baixou o tom de voz. – "Boca mole", mas sabe tudinho. Aqui, olha – mostrou o papel rabiscado a ele. – Tá vendo? Eu ia pagar mais de juros do que ganhar dinheiro com a poupança. Ah, disse que eu posso conseguir bons descontos pagando à vista.

Saber que Maria Francisca tinha poupança suficiente para comprar um carro novo, à vista, deixava Rodolfo boquiaberto. Ele se envergonhava por ganhar múltiplas vezes o salário dela e não possuir reservas financeiras. O quanto uma pessoa seria capaz de poupar mês a mês ganhando até dois salários mínimos? O quanto ele poderia poupar todos os meses para ter mais tranquilidade e qualidade de vida? Perguntas, perguntas... onde estariam as respostas?

Capítulo 17

Aquele dia parecia sexta-feira treze, apesar de ser quinta. Rodolfo ainda remoía a conversa com a empresa de cobrança, quando o telefone tocou; ele reconheceu o sinal de ramal interno, só faltava ser o diretor. Atendeu.

– Alô...

– Sr. Rodolfo, encontra-se na portaria o Sr. Lício Lorc. Autoriza a entrada?

Pai? Reviveu em segundos o último encontro. Ódio e rancor se embolaram no peito, bloqueando as ações. Teria de responder qualquer coisa.

– Sr. Rodolfo, pode me ouvir?

– Autorizo, autorizo. Meu pai aqui? – pensou em voz alta ainda segurando o telefone. Olhava para o ar procurando justificativa. Pousou devagar o fone na base. Espreguiçou-se, depois levantou-se da cadeira. Apoiou as mãos sobre a mesa e paralisou o olhar no relatório de produção.

Minutos depois, o pai bateu na porta. Rodolfo levantou a cabeça, deu com o pai. Meio sem jeito, passou a mão por trás da nuca. O nervosismo era nítido. Rodolfo não sabia se deveria ir até o pai ou permanecer onde estava. Saiu daquela posição, postou as mãos no encosto da cadeira e, dali mesmo, o convidou a entrar.

– Por que não ligou antes, pai? Poderia ter perdido a viagem – foi logo dizendo, tentando esconder as pontadas que comprimiam o peito por conta das emoções contidas.

– Mas não perdi. Aqui estou e você também – respondeu pragmático.

– Quer se sentar?

– Vou direto ao ponto, Rodolfo. Você sabe, não sou de rodeios. Quero pedir desculpas por minha grosseria semana passada.

Ah! Desculpas! Isso cheirava a interferências da mãe. Rodolfo não se conteve, também disse o que pensava.

— Pai, isso também não é do seu feitio — deu a volta na mesa, encostou-se na janela. — Pra ser sincero, esperei a vida inteira por uma atitude assim. Mas... Tem o dedo da mamãe nisso, não tem? Olha pai, o senhor não é obrigado a nada. Disse o que sentia e pronto.

— Já me arrependi de ter vindo. Devia ter deixado as coisas como estavam. Enganei-me! Esperava ser recebido de outro modo. Você sabe o quanto me custa vir aqui?! Pois lhe digo, Rodolfo, sua mãe nem sabe da minha decisão. Sei que você tem razões para não acreditar. Entendo.

— Sei... — Rodolfo continuou com as costas apoiadas na janela, braços cruzados, realmente incrédulo. Não tinha o que dizer.

— Não vou tomar seu tempo. Na realidade... — limpou a garganta e baixou a cabeça, como sempre fazia para dar bronca. — Vim aqui me desculpar. Errei na ânsia de fazer o certo — o tom de voz saiu suave como o filho jamais ouvira. — Da próxima vez, telefono antes. Cumprirei as formalidades.

Rodolfo estava pasmo com o comportamento da pessoa postada diante dele. O pai revelava outra face, humilde, frágil, diferente da pessoa carrancuda.

— Sabe, Rodolfo, na minha educação, os pais não precisavam pedir permissão para falar com os filhos — prosseguiu com a voz embargada. Olhou fundo nos olhos de Rodolfo, gaguejou: — Eu... eu vou embora.

Baixou mais uma vez a cabeça, virou-se para a porta e foi saindo devagar.

— Espere! — disse Rodolfo, enquanto se movia em direção à saída.

O pai, ainda de costas, apenas parou.

— O senhor tem mais alguma coisa a me dizer?

O velho Lício deu meia volta, aproximou-se do filho e explicou:

— Você me pediu ajuda, Rodolfo. Vim dizer que em três dias eu posso lhe emprestar aquela quantia. A sua mãe não deve saber disso, fica entre nós.

— O senhor não precisa se preocupar. Eu já estou me virando.

— Como queira. De qualquer maneira, daqui três dias terei o dinheiro disponível. Agora vou embora, antes que a sua mãe fique preocupada.

Rodolfo, voltou à sala, socou uma mão contra a outra, despejando a culpa. Em seguida, esfregou a mão na barriga como se pudesse desfazer o bolo ali formado. Nada adiantou, a bile subiu-lhe a garganta, ele correu para o banheiro e desmoronou de joelhos diante do vaso sanitário. Naquele instante, ouviu o barulho de batida de carro seguido de gritos. Deu a descarga.

Foi à pia lavar o rosto e a boca. Fez isso repetidas vezes. Interrompeu ao ouvir o som de sirene parecido com o de ambulância. Espiou da janela, pessoas se juntavam ao redor de um corpo estirado no chão. As pernas bambearam. Sentiu um arrepio da base da coluna até a nuca. Molhou o rosto outra vez e se arrastou de volta a sala.

Já na entrada, ouviu o telefone tocar incessante. Com esforço, o alcançou. Mal disse alô, a recepcionista foi logo dizendo:

— Sr. Rodolfo, lamento. O senhor Lício Lorc, que esteve com você agora há pouco, foi atropelado. A ambulância chegou. A situação parece grave.

Ele desmoronou, dessa vez, na cadeira. Lágrimas abundantes cobriram-lhe a face. A situação pedia força. Tateou a mesa, custou a alcançar o copo de água, tomou um gole. Precisava encontrar a tal força, sair dali. Limpou as lágrimas. Maria Francisca passava pelo corredor naquele instante. Com esforço ele se levantou.

— Maria Francisca, preciso de ajuda.

— Mas...

— Por favor, me ajude... meu pai... — de novo o mundo escureceu ao redor. Ele se desequilibrou. Maria Francisca o apoiou.

— Que houve com seu pai, homem de Deus?

— Lá embaixo. Acidente — as palavras saiam cortadas.

— Valha meu Deus! Então aquele homem atropelado... seu Rodolfo, fica tranquilo, vai dar tudo certo.

Desceram dois lances de escadas.

— Olha, Maria Francisca, não desejo isso para o pior inimigo. A culpa foi minha, se meu pai morrer, eu não me perdoarei.

— Ah, seu Rodolfo, para com isso. Essas coisas acontecem.

Chegando na calçada, com o coração despedaçado, ele teve medo de perguntar. Maria Francisca tomou a frente. Puxou-o pelo braço, aproximando-o do local. A polícia havia isolado a rua para afastar os curiosos. Ela os informou que Rodolfo era filho. Permitiram que ele chegasse perto do pai, mas não podia tocá-lo. Rodolfo se ajoelhou no asfalto e gritou:

— Pai, pai, por favor, fala comigo. Me perdoa. Me perdoa, pai.

O pai continuou desacordado, nenhum murmúrio. Rodolfo queria ouvir o coração dele, sentir se ainda batia. Ameaçou tocá-lo e foi impedido por um dos assistentes, que o afastou... A face do pai estava ensanguentada, impedindo de ver a profundidade do corte. O desejo de apertá-lo junto ao coração aumentou. Agora ele queria, queria muito, mas não podia. Os enfermeiros colocaram o pai na maca e o enfiaram na ambulância. Rodolfo já não tinha mais cabeça. Foi Maria Francisca quem buscou o carro dela e o guiou até o hospital. Ele insistia em repetir:

— Foi minha culpa, Maria Francisca. Tudo estaria bem não fosse o meu egoísmo, minha estupidez.

— Sabe, seu Rodolfo, o senhor deve ter razão de se achar culpado.

As palavras dela tiveram o efeito de uma espada cravada no peito de Rodolfo. Maria Francisca poderia dizer qualquer coisa ou, mesmo, ficar calada, menos concordar com aquilo. Ela se revelava uma mulher sem coração, insensível.

Ainda assim, a culpa era dele. O pai andava distraído. Pôde notar na visita à casa dele. Mas se os dois tivessem saído juntos para o almoço, nada disso teria acontecido. Pensamentos, pensamentos... tudo ficaria bem.

No hospital, Rodolfo estava encostado no balcão da recepção ao lado de Maria Francisca, cuidando dos procedimentos de internação, enquanto o pai era levado sabia-se lá para onde. Aquilo o deixava agoniado, ele corria as mãos nervosas nos cabelos, precisava eliminar os pensamentos ruins da cabeça.

De súbito, o celular tocou.

— Hora imprópria — disse.

— Pode ser importante, seu Rodolfo — alertou Maria Francisca.

Ele não queria falar com ninguém. Ignorou. Tocou de novo. Percebeu que se não atendesse, aquilo continuaria sem parar. Tirou do bolso, leu o nome, era a mãe. Achou por bem atender.

— Mãe!

— Rodolfo, filho, por acaso falou com seu pai hoje?

— Hum.

— Filho, ele saiu de casa antes do almoço, já passa de uma da tarde. Seu pai não é disso. Liguei no celular dele várias vezes — contar ou não? Ela continuava falando, sem deixá-lo responder. — Tenta ligar pra ele, filho!

— Mãe, escuta, por favor, fica calma. O papai está bem.

— Está me escondendo coisas, Rodolfo. Eu conheço você.

— Mãe, acalme-se, está tudo bem. Tenho de desligar. Daqui a pouco eu falo com a senhora.

Desnorteado, Rodolfo pediu a Maria Francisca para cuidar da burocracia e saiu em busca de notícias do pai. Na saída da sala de emergência, encontrou o médico. A tensão tomou conta, Rodolfo buscou forças para superar a barreira do medo, aproximou-se do doutor e falou:

— Sou Rodolfo, filho do paciente Lício, quero saber como ele está.

— Olha, Rodolfo, está sob controle. Ele perdeu muito sangue. Acabou de ser removido para a UTI. Teve fraturas no braço direito, na perna esquerda. Na cabeça, levou dez pontos.

Cada palavra dita pelo médico soava como punhal fincado em suas vísceras. A dor da culpa o matava aos poucos. Quisera ele estar no lugar do pai.

— Posso vê-lo, doutor?

— Está sedado. Não adiantará. Amanhã, talvez.

— Ele vai sobreviver?

— O quadro é grave — respondeu o médico. Mas tem boas chances de se recuperar.

No desespero, ele avançou sobre o médico, segurou-o pelo colarinho e gritou:

— Quero vê-lo agora, doutor, tem de ser agora!

O médico tentava se safar, mas a força de Rodolfo era incontrolável. Naquele instante, o segurança se aproximou.

— Eu só quero ver meu pai, você não pode me impedir! — Rodolfo esbravejou.

Depois de soltar o colarinho do médico. Rodolfo se encostou na parede. O segurança se manteve ao lado dele. Maria Francisca aproximou-se, trazendo nas mãos a papelada. Seguiu em direção ao médico. Os dois se afastaram para conversar.

— Vocês não entendem, ninguém entende! — disse Rodolfo ao segurança, que nada respondia.

Maria Francisca retornou.

— Então, quais as novidades? — perguntou a ela.

— Seu Rodolfo, o senhor precisa se acalmar — falava com serenidade.

Ele não entendia como Francisca conseguia ficar tão calma, enquanto ele sofria. Aliás, nem parecia a intrometida de sempre.

— Acalmar? Tá brincando... não é o seu pai que está morrendo... — o desejo era sacudir Francisca para ver se ela reagia sob pressão, deixando de lado o jeito zen para sofrer a dor dele.

— Olha, seu Rodolfo, isso não é verdade. Seu pai está em observação na UTI, o lugar mais seguro dentro de um hospital.

— UTI! Maria Francisca, você tem noção do que diz?

Ele andou por aquele corredor branco mórbido, indo e voltando, enquanto ela permanecia no mesmo lugar, segurando a papelada. Na terceira volta, parou. Mergulhou nos olhos de Francisca buscando sensibilidade. Notou o olhar atento, sóbrio. Naquele instante, lembrou-se da mãe, o que diria a ela?

— Vou pra casa.

Capítulo 18

Agora que a internação já estava encaminhada e o pai sedado na Unidade de Terapia Intensiva, Rodolfo nada podia fazer, a não ser levar a notícia para a mãe.

Quando chegou, ela já o esperava debruçada na janela. O olhar terno e o sorriso apagado, fizeram Rodolfo perceber que seu discurso imaginário, construído durante o trajeto, nada adiantaria naquela hora. Teria de ir direto ao ponto.

— Filho, cadê o seu pai?

— Posso entrar, dona Dora? Assim a gente conversa mais tranquilo.

Agora, ao lado da mãe, ele a entrelaçou nos braços.

— Olha, mãe, o pai foi atropelado.

— Oh, meu Deus! O Lício atropelado? — ela levou a mão à boca, os olhos arregalados denunciavam temor.

— Calma, mãe. Ele está se recuperando.

— Onde? Como?

— Uma coisa de cada vez, mãezinha – Rodolfo a abraçou e continuou: – Ele está na UTI do hospital do nosso convênio. Fica tranquila.

Ela se soltou do filho, andou pela sala resmungando. De repente, parou diante do filho e segurou forte nos ombros dele. Falava em tom de desespero.

— Valha-me Deus, quero vê-lo agora. Vamos, Rodolfo, me leve até o Lício!

— Mãezinha, escuta. Ele está sedado. Acalme-se! Vou dormir aqui, amanhã cedo nós vamos juntos.

— Eu não me conformo, filho – lágrimas grossas escorriam dos olhos dela. – Ele acordou tão diferente hoje, será que estava se despedindo?

– Cruzes, mãe, para com isso – Rodolfo bateu três vezes na mesa de madeira, para isolar o mal agouro. – O pai vai ficar bem.

O coração de Rodolfo acelerou. Se a mãe estivesse certa, o pai tentara fazer as pazes com ele, despedir-se da vida para morrer em paz. Não, não! Teria de tirar da cabeça essa crença maldita, isso não passava de crendice popular. Tudo iria ficar bem.

Capítulo 19

No dia seguinte, logo cedo, Rodolfo fez o desjejum com a mãe. Avisou-a de que passaria no escritório, para resolver pendências. O dia anterior já havia sido tumultuado. Voltaria às onze horas para levá-la ao hospital.

– Fica sossegado, filho. Falei com a Fernanda, ela vai me acompanhar.

– Tá! Mas... mãe, algo me intriga. Por acaso a senhora sabe de um dinheiro que o pai vai receber depois de amanhã?

– Dinheiro? Que eu saiba seu pai só tem a receber o dinheiro da aposentadoria e não é depois de amanhã.

– Deixa pra lá, mãe. Nos vemos mais tarde no hospital – ele disse.

O dinheiro disponível em três dias devia ser mais uma das distrações do pai. Rodolfo ficou receoso de se abrir com a mãe sobre os detalhes do acidente, ela não entenderia. Fernanda sabia de tudo, inclusive do dinheiro. Foi a primeira pessoa a quem ele confidenciou. Não tinha segredos com a irmã. Ficou sem saber se pedia sigilo ou se deixava as coisas fluírem. De fato, não sabia o que fazer. Apenas sabia que a verdade viria à tona cedo ou tarde.

Pegou as coisas e saiu.

Capítulo 20

Naquele dia, a falta de concentração impedia Rodolfo de reter qualquer informação. Tentava em vão analisar os relatórios de produção, ler as últimas notícias internas, o jornal do dia. Ele queria ver o pai. Mas isso já não dependia do seu querer, os horários de visitas na Unidade de Tratamento Intensivo eram rigorosos. Esperar era inevitável. De súbito, lembrou-se do propósito inicial, agradecer a Maria Francisca. Digitou o número do ramal dela e, de pronto, ela atendeu.

– Maria Francisca – ele disse. – Como está?

– Tranquilo, seu Rodolfo. Tem novidades do pai?

– Ainda não. Vou daqui a pouco visitá-lo. Liguei para agradecer por ontem, pelo apoio nas questões burocráticas da internação de meu pai e pela paciência. Fiquei impressionado. Sou muito grato, nem sei o que seria de mim sem você por perto.

– Ah, seu Rodolfo, não foi nada.

Rodolfo notou a voz dela embargada, parecia comovida com a deferência. Depois de respirar fundo, ela voltou a falar:

– Não foi nada mesmo, seu Rodolfo, fiz o que precisava ser feito.

– Não seja modesta.

– Olha, seu Rodolfo, sou brincalhona, vivo sorrindo. Mas nessas horas eu me transformo.

– Percebi. A propósito, encontrou o cartão?

– Cartão?

– Não me diga que se esqueceu de procurá-lo de novo.

– Misericórdia, seu Rodolfo, esqueci por completo.

– Eu queria conhecer sua mentora, mas já vi tudo. Você está me enrolando.

– De jeito nenhum, seu Rodolfo. Olha, vai praticando aquele princípio que passei a você.

– Princípio?

– Eu não acredito que o senhor nem se deu ao trabalho de ler aquele papel. Sabe, seu Rodolfo, a mentora é muito exigente. Ela não tolera pouco caso.

– Ah, Maria Francisca, isso é exagero.

– Seu Rodolfo... – continuou ela – Nada. Não vou lhe dizer mais nada – disse e desligou.

– Maria Francisca, Francisca...

Ele colocou o telefone na base. Levantou-se. Como sempre, deu a volta pela mesa, seguiu até a porta. Voltou. Afundou-se na cadeira, tirou o telefone da base, mas o devolveu. Depois da dedicação de Francisca ontem no hospital e do capricho dela em escrever o princípio – que ele nem sequer leu –, deveria ir até a copa se desculpar. Olhou a pilha de pastas de documentos sobre a mesa, o computador. Ele precisava concluir o checklist antes de ir ao hospital. Procuraria por ela mais tarde ou na segunda-feira.

Capítulo 21

Rodolfo chegou ao hospital antes da mãe e da irmã. A enfermeira o ajudou a vestir o traje apropriado. Ele seguiu para a UTI. Na entrada, *flashes* de outras ocasiões em hospitais vinham à tona. Mariana, sua irmã mais nova, quando criança, ficou internada por quinze dias. A mãe dele dizia: "vamos visitar sua irmãzinha, filho, ela precisa de você para ficar boa logo". Aquelas palavras enchiam-no de alegria, sentia-se o médico curando a pequena Mari. Mas nem bem chegara àquele lugar tedioso, o estômago revirava a ponto de pôr os bofes para fora. Ele não suportava os cheiros dos remédios.

Correu os olhos pela sala. Contou seis leitos entre ele e o pai. Os pés pareciam grudados no chão. Mudava os passos com o esforço de quem puxava grossas correntes. De novo a enfermeira o ajudou.

— Venha — ela disse quase cochichando. — O Sr. Lício está no último leito.

Justo o último... Custava-lhe uma vida chegar até lá. Outras lembranças vieram à mente. A perna quebrada em três partes, aos nove anos. Teve de passar por cirurgia. Ficou hospitalizado por vários dias. Seu pai nunca foi visitá-lo.

— Como ele está?

Inútil disfarçar a fobia insana, ele suava frio.

— Se recuperando bem — ela respondeu.

O ambiente girava em torno de Rodolfo. Ele respirou fundo, aproximando-se do pai. Não sabia se aquela confusão de sensações – calor, frio, náusea – era culpa ou temor. Respirou fundo, mais uma vez, enquanto secava o suor na testa com as costas da mão. Sentindo-se débil, perguntou:

— Ele está dormindo ou sedado?

— Ainda sob o efeito da medicação.

Situação difícil ver o pai naquele estado: tubo grudado ao nariz, agulha enfiada na veia injetando o soro, semblante pálido. Por dentro, Rodolfo sentia as coisas piorarem. Deveria sair logo dali, mas queria que o pai o visse, caso acordasse. Entretanto, o estômago revirava como sempre. O suor frio brotava incessante na testa. Teria de ser forte, continuar firme. Afinal, ele era um homem ou um rato?

De súbito, sentiu o mundo desmoronar em câmara lenta. A voz da enfermeira ficou distante, as luzes esmaeceram...

Tempos depois, Rodolfo abriu os olhos. Confuso, encarou a pessoa sentada ao seu lado. Esfregou os olhos, encarou-a de novo. Fernanda, sua irmã mais velha, fazia-lhe companhia.

— Nanda? — perguntou ainda zonzo. — Como vim parar aqui?

Fernanda sorriu.

— Quando mamãe e eu chegamos, a enfermeira nos avisou de seu mal-estar.

— Faz tempo?

O esforço para se levantar da maca denunciava a fraqueza. Voltou a se deitar.

— Pouco mais de quarenta minutos — respondeu Nanda, chegando mais perto. Então, tocou a testa dele para medir a temperatura. Continuou: — A enfermeira vai tirar outra vez a sua pressão, melhor ficar deitado. Fala sério, Rodolfo! Até nisso você se parece com o papai.

— Não diga isso, Nanda. É injusto me comparar a ele, somos muito diferentes.

— Esse é o seu ponto de vista, querido. Preste atenção em seus comportamentos, logo vai perceber as semelhanças.

— Está zombando de mim, Nanda?

— Estou falando sério, maninho. Passou da hora de diluir esse rancor aí dentro — tocou o peito do irmão com o dedo indicador. — Você e o papai precisam se reconciliar. O velho é gente boa.

— Você fala isso porque é a queridinha dele.

— Nada a ver. A diferença é que eu sempre tratei ele com carinho. Por acaso você conhece a lei da causa e do efeito? É simples assim, a gente recebe de volta aquilo que oferece.

— Deixa de papagaiada, Nanda.

— Papagaiada, sei! E quem é o queridinho da mamãe? Tudo de melhor é para o filhinho predileto. É Rodolfo pra cá, Rodolfo pra lá.... Alguma vez você viu nossa mãe tratar a mim ou à Mariana com todo esse mimo? Nem por isso ela gosta menos de nós duas.

— Não vê, Nanda? A mamãe sempre me tratou assim. Já o papai, hum... Eu morria de medo de abrir a boca perto dele. Só reprovação. Nunca pude contar minhas peripécias na escola, não me dava ouvidos. Nem mostrar as novidades que comprava. Aliás, ele me fulminava com o rabo de olho, dizia que eu torrava dinheiro à toa. Só que... jamais se sentou ao meu lado um minuto sequer para ensinar-me a fazer a coisa certa.

— Nem a mim. Mesmo assim não sou como você.

— Você é pão-duro, Nanda.

— Pão-duro, hum. Convenhamos, você sempre gastou além da conta — Rodolfo deu de ombros. Ela emendou: — Tem outra coisa grave, você é indiferente ao papai. Todas as vezes, quando você chega em casa, enche a mamãe de beijos e abraços. Dele, toma a bênção de longe — Rodolfo preferiu calar a retorquir a irmã. — Além disso, nunca o vi surpreendendo o papai com presentinhos como surpreende a mamãe, a mim ou a Mariana. Quantas vezes, meu irmão, você se deu ao trabalho de telefonar para falar com ele? Isso não é certo.

— Ora! Ele nunca valorizou os presentes que lhe dei. Pra mim, basta, Nanda, vamos mudar de assunto.

— Ahã... Não é o mesmo comportamento do papai? Foge quando o cerco aperta.

Rodolfo pregou os olhos no teto desbotado. A conversa com a irmã o deixou estarrecido. Seria mesmo parecido com o pai? De uma coisa ela estava certa, o rancor dentro do peito era imenso. Ah, pai... Naquele instante, lembrou-se da queda da janela, quando fugia do pai e quebrou a perna. Tinha nove anos na ocasião. Ficou estatelado no chão, gritando em desespero, sem ter a atenção dele. O velho Lício desapareceu. A mãe, como sempre, acudiu-o. Agora, reconciliar-se... Depois de tantos anos. Nanda disse um troço que aumentou o incômodo: essa barreira na relação entre eles teria sido criada por quem? A essa altura, um deles teria de ceder e talvez Rodolfo precisasse dar o primeiro passo.

— Contrariando seu pensamento, querida irmã, não fugirei.

— Sei.

— Por falar em ressentimento, Nanda, você contou à mamãe como foi o atropelamento?

— Não, maninho, deixei essa tarefa pra você.

— Fez bem.

Naquele instante, a cabeça da mãe despontou na enfermaria. Entrou. Fernanda levantou-se, cedendo a cadeira a ela.

— Como ele está, mãe? — perguntou Rodolfo.

— Ainda sedado. Mal abriu os olhos.

— O médico disse alguma coisa? — insistiu.

— Sim. Que em três dias, no máximo, o Lício sairá da UTI. O convênio nos dá direito a apartamento privativo. Vou poder ficar com ele.

— Mãe, estou muito chateado, de certa forma eu me sinto culpado.

— Para com isso, filho. Seu pai andava muito distraído. Você mesmo viu, lá em casa, naquele dia.

— Sei, mãe. Só que a senhora desconhece que o papai foi me visitar no escritório.

— Foi?

— Foi — Rodolfo segurou a mão da mãe. — Ele queria se desculpar. Achei que tinha o seu dedinho nessa atitude, mãe. Mas ele disse que a senhora nem sabia. E eu...

Ela o interrompeu:

— Você está me dizendo que seu pai foi até o seu escritório para se desculpar, Rodolfo?

— Foi, mãe. Eu não dei ouvidos a ele, como sempre.

— Entendi, Rodolfo! Não preciso saber de mais nada.

Ela se levantou, chamou por Fernanda e saíram sem se despedir dele.

Rodolfo sabia que ela reagiria assim.

Ele apoiou o antebraço na cama, ergueu o tronco, tentou saltar do leito e seguir a mãe para esclarecer o mal-entendido, mas ficou inerte naquela enfermaria. Desta vez, ele ultrapassara todos os limites da arrogância. Se o pai falecesse ou tivesse qualquer sequela... Maldita repetição de erros! Ele queria de verdade mudar suas atitudes com o pai. Mas o caminho das pedras ficava cada vez mais complicado.

Capítulo 22

Na segunda-feira, Rodolfo chegou mais cedo ao escritório e logo foi procurar Maria Francisca na copa. Ele ansiava por saber mais sobre a mentora e os princípios dela. O papel que Francisca lhe entregara tinha desaparecido. Buscava desculpas para se justificar com ela. Mas não era do seu feitio embromar as pessoas, muito menos a copeira que se esforçava para ajudá-lo. Resolveu ir direto ao ponto.

— Não consigo encontrar aquela folha, Francisca – disse ainda na porta, apoiando as mãos no batente.

— Eu sabia, pressenti isso, seu Rodolfo, o senhor...

Ele a interrompeu.

— Calma, Maria Francisca, não foi descaso – soltou-se do batente e entrou. – Tive muitos problemas nesses dias, você bem sabe. Juro por Deus, devo ter tirado da pasta... – Rodolfo passou as mãos nervosas nos cabelos. – Agora, não encontro.

— O senhor não deu a menor importância. Deve ter pensado: "isso é mais uma das bobagens da Francisca".

Ela falava sério, nem parecia a copeira sorriso.

— É.

Sem ter o que dizer, Rodolfo apoiou as mãos na mesa. Abaixou a cabeça e ouvia o desabafo de Maria Francisca.

— Escrevi aquilo achando que era para o seu bem, seu Rodolfo – ela respirou fundo, diminuiu o tom de voz e continuou: – Pensei que estava ajudando o senhor. Pensei de verdade. Mas infelizmente o senhor não deu a menor importância. Por mim, oh! Ema, ema, ema, cada um com o seu problema.

— Espera um pouco, Maria Francisca — Rodolfo ajeitou a postura e falou firme com a copeira. — Eu quero conhecer sua mentora. Eu preciso da ajuda dela. É sério!

— Conhecer a mentora, hum... Nem se deu ao trabalho de ler o princípio, quem dirá fazer aquele monte de tarefas. Sem essa, seu Rodolfo — apontou o dedinho na cara dele. — Ninguém é capaz de ajudar o senhor. Aliás, se o senhor não quer se ajudar, como espera isso dos outros?

Ela despejou a interrogação e saiu empurrando o carrinho.

Como esperava isso dos outros?

Rodolfo ficou com a interrogação. Agora o caldo entornara. A copeira ficara, de fato, magoada. Nem papel, nem cartão. Só a voz dela permanecia: "Como espera isso dos outros?" Mas essa era a única possibilidade que ele enxergava para resolver suas questões. Precisava da ajuda de um especialista. Como reverteria a mágoa de Francisca? A solução parecia tão perto e ao mesmo tempo distante, como quase tudo em sua vida. Tentaria falar com ela, outra vez, antes do fim do dia.

Capítulo 23

O mundo exterior à mente de Rodolfo parecia irreal, como se todos os problemas não passassem de pesadelos. Pesadelos. Mas era muito real: pai no hospital, Luana pressionando, pouco tempo para quitar as dívidas... A Maria Francisca precisava entender.

Quando retornou do almoço, foi à copa de novo.

— Maria Francisca, por favor, fala qual é o princípio. Eu mesmo escrevo.

— Seu Rodolfo, é sério! Eu escrevi tudinho o que me lembrei naquela folha. Agora vem o senhor com essa cara lavada dizer: "vai falando como é o princípio, eu mesmo escrevo." A mentora sempre repetia a mesma coisa quando eu reclamava: "Francisca, se você quiser entender o que se passa em sua vida, aja!" Quando o senhor me convencer que vai agir, posso pensar em escrever de novo o princípio.

— Para de onda, Francisca! — decidira chamá-la da mesma forma que a mentora. — Vamos fazer isso agora.

— Simples assim, né, seu Rodolfo?

— Afinal, qual o mistério dessa mentora? Pode ao menos dizer o nome completo dela? Eu procuro no *Google*, já que você não encontrou o cartão.

Quando ele pediu o nome da mentora, Maria Francisca deu gargalhadas. Rodolfo não entendeu o motivo do deboche.

— O nome dela, seu Rodolfo, nem por reza vou me lembrar. Já falei que ela não é brasileira? Luciana Silva é como ela prefere ser chamada, mas o senhor vai achar mais de mil no *Google*, eu mesma já procurei.

Rodolfo ficou ali, diante dela, sem conseguir dizer nada. Mas a raiva foi imediata e envolvente, levando-o a socar a mesa. Em seguida sacudiu a mão, enquanto a copeira dava-lhe as costas. Sua esperança diminuía cada vez mais.

Saiu de lá com o firme propósito de localizar os contatos da mentora Luciana Silva. A copeira não iria fazer nada por ele mesmo. Seguiria a pista. Se a mentora era tão eficiente, encontraria-a no *Google*.

Chegando à sua sala, deu a volta pela mesa, sentou-se e abriu direto o *Google*. Escreveu na "busca" o nome da mentora. De imediato, apareceram mais de duas mil "Luciana Silva" diante de seus olhos, como dissera a copeira. Nas cem primeiras, nenhuma mentora. E agora, qual seria o próximo passo?

Capítulo 24

Rodolfo ainda ruminava outra coisa na mente. Ele não havia depositado o dinheiro na conta de Luana. Estavam sem contato desde aquele telefonema. Ignorara por completo as ameaças dela. Enquanto pensava em como encontrar a mentora, o telefone tocou. Som de ramal interno. Reconheceu.

— Sr. Rodolfo Lorc — disse a recepcionista —, compareça à recepção, por gentileza.

— Irei em quinze minutos.

— Desculpe, Sr. Rodolfo, mas um oficial do Tribunal de Justiça está à sua espera, é urgente.

— De Justiça? — Rodolfo ergueu o olhar na direção da janela envidraçada e, por um segundo, estudou o voo dos pombos pelos edifícios da Rua Nestor Paraíso. — Estou indo. Obrigado.

Ficou em silêncio por alguns segundos.

— Desgraçada! — escorregou de volta à realidade com um soco surdo dado na mesa.

Naquele exato momento, Júlio entrou na sala, puxou a cadeira e se sentou. Ficou ali sem nada dizer. Para Rodolfo, era como se continuasse sozinho no escritório. Levantou-se, foi até a janela. Após instantes olhando a rua, afastou-se da vidraça e retornou ainda em silêncio à cadeira, apoiando-se sobre o teclado do computador.

— Olha... Júlio... — disse ao vizinho de sala. Por dentro queimava-lhe um misto de incerteza e de angústia. — A Luana... — sentia-se falando as coisas aos pedaços. — Minha ex-esposa, já falei dela pra você, não falei?

— Não.

— Ela não seria capaz desse extremo.

— Do que está falando, Rodolfo?

Rodolfo continuava a falar como se Júlio soubesse das doidices de Luana.

— Sabe, Júlio, ela... consideraria os filhos — a pontinha de confiança na ex-mulher ainda persistia. — Eu a conheço muito bem, gosta de provocar, mas não passa disso.

Não era à toa que, na empresa, apelidaram o Júlio de boca-mole. Ele acompanhava os movimentos de Rodolfo, como sempre, sem fechar a boca.

Na cabeça de Rodolfo martelava agora o mantra: "circunstâncias podem mudar, circunstâncias podem mudar". Para ele, se repetisse aquelas palavras, a esperança poderia se tornar realidade.

— Olha, Rodolfo...

Interrompeu Júlio com um gesto flácido da mão.

— Quero dizer... Você pode até ter razão, Júlio, quando diz que ex-mulher quer mesmo é tirar o couro da gente — ao falar aquilo, de súbito, sentiu os efeitos do mantra se dissipando.

Levantou-se, devagar, como se estivesse hipnotizado. Os pensamentos vagos ameaçavam destruir de vez seu mantra.

— Não consigo acreditar, não consigo acreditar — Rodolfo repetia enquanto andava pela sala. — Júlio, a coisa é séria! — espalmou as mãos sobre a mesa. — O Oficial de Justiça me aguarda na recepção.

Rodolfo acordou para a realidade. Mais uma vez, foi à janela, passou a mão na nuca e, sem perder mais tempo, dirigiu-se para a porta. Maria Francisca surgiu na entrada da sala e quase foi atropelada por ele. Repetição comum. Rodolfo sempre se esbarrava nas pessoas.

— Aonde vai afoito desse jeito, seu Rodolfo? Vim trazer seu café. Se bem que um chazinho de camomila seria melhor — Rodolfo ignorou Maria Francisca. Mesmo assim, ela continuou: — Cuidado nas escadas — ela recomendou.

— Francamente... deveria ir ao RH reclamar do comportamento dessa copeira. Às vezes, ela ultrapassa os limites — resmungou e seguiu adiante.

Chegando à recepção, Rodolfo viu um homem de terno cinza surrado e barba por fazer, segurando uma pasta escura.

— Bom dia! — disse Rodolfo.

Apenas a recepcionista respondeu.

O homem sisudo olhou na direção dele e, de imediato, levantou-se da cadeira.

— Sou o Oficial de Justiça — apresentou-se. — O Senhor é Rodolfo Lorc?

— Apertou os óculos de lentes grossas contra os olhos.

— Sim, sou eu mesmo – respondeu. Enquanto isso, o oficial sacava da pasta escura um envelope pardo, um formulário e uma caneta esferográfica com tinta pela metade.

— Assine aqui, por favor – disse e marcou um enorme X. Apontou o dedo no lugar da assinatura.

Aquela atitude do oficial irritava Rodolfo profundamente. Por dentro, seu estômago encolhia. Isso equivalia a chamar as pessoas de ignorantes, em sua opinião.

— Assinar? Eu nem sei do que se trata, senhor!

— Plinio. Plinio Rodrigues é o meu nome. Não assine, se não quiser. Como deve saber, senhor Rodolfo, oficial de Justiça goza de fé pública. Vou ler o mandato e o entregarei a contrafé.

— Sei... mas... do que se trata, Sr. Plínio Rodrigues?

— É uma ordem judicial, referente a um processo, senhor Rodolfo!– respondeu em tom autoritário.

— Ordem judicial?

— Todas as informações se encontram nesse documento, senhor Rodolfo – o oficial sacou a folha de dentro do envelope, balançou-a diante dos olhos de Rodolfo, o nome completo da "ex" se destacava em negrito.

— Está bem, assino.

Enquanto assinava, sentia o peito apertado. O rosto ardia em chamas. Rodolfo desejava acordar daquele pesadelo. Luana havia feito das ameaças, verdade cumprida.

— Sr. Rodolfo Lorc – disse o oficial, recolhendo o papel abandonado no balcão da recepção e enfiando-o dentro da pasta. Depois, abraçou-a sobre o peito, fixou o olhar em Rodolfo, como se quisesse dizer algo mais. Despediu-se.

Rodolfo tomou o envelope nas mãos. Permaneceu estacado ao lado do balcão. Colou o olhar no oficial até o tipo sumir de seu campo de visão. Luana, Luana, quanta ingratidão! Como resolveria isso sem envolver os filhos? Seria conveniente conversar com eles antes da mãe envenenar suas cabecinhas? Primeiro, procuraria por ela.

Afastou-se do balcão, dirigindo-se à sua sala. Rodolfo apertava o envelope na mão quando ouviu um terrível estrondo sabe-se lá de onde. Aproximou-se da janela, outro raio cortava o horizonte. O céu nublado anunciava mais uma tarde de ruas alagadas, de horas parado no trânsito até chegar em casa. Rodolfo queria acordar do pesadelo. O que mais Luana quereria dele? Fosse o que fosse, teria de esperar a tempestade passar.

Mas aquele ruído do raio cortando o horizonte ficou replicando na mente, enquanto se arrastava pelo corredor. De cabeça baixa, perdido em seus diálogos internos, Rodolfo seguiu corredor adiante.

Luana, Luana... ela fez das ameaças, verdade cumprida.

Um novo estrondo fez Rodolfo estremecer. Desta vez, copos, bandeja e garrafas tombaram no chão. Alheio ao mundo ao seu redor, ele não notara Maria Francisca empurrando o carrinho cheio de coisas. Que desastre! De novo ele se esbarrou nela. No chão, à sua frente, verdadeiro caos: cacos de vidro, sanduíches despedaçados, poças de suco, *ketchup* respingado nas paredes. Rodolfo ficou parado. Outra vez, as bolas de chumbo amarradas às pernas não permitia que ele avançasse ou retrocedesse.

— Não foi nada, seu Rodolfo, não foi nada — repetia Maria Francisca.

Ela esfregou em sua própria roupa e nos bracinhos roliços o único guardanapo seco que parecia ter restado do ruidoso incidente, tentando se enxugar.

— Você está bem, Maria Francisca?

— Já disse, seu Rodolfo. Não foi nada, não foi nada mesmo.

Maria Francisca com amabilidade repetia aquelas palavras mais vezes do que Rodolfo podia contar. Entretanto, o incidente com ela não o preocupava tanto quanto o tempo lá fora, todo escuro. Seus problemas eram outros, a vida estava de pernas para o ar... Pressão por resultados no trabalho, equipe desmotivada. O pai hospitalizado. Dívidas acumuladas. Não sabia como iria quitar as parcelas atrasadas do financiamento imobiliário. Onde estaria a falha de Rodolfo em relação a dinheiro? Para completar a má fase, Sofia reclamava de falta de atenção. E coroando tudo, fora intimado.

De repente, ele se deu conta de ter amassado entre os dedos o papel. Droga! O que mais ela queria?

Escorou-se na parede, esperando Maria Francisca liberar a passagem.

Por dentro, Rodolfo estava à beira de um ataque. Para Luana, não bastava levar trinta por cento do seu salário todos os meses.

— Está pronto agora, seu Rodolfo. Pode passar — disse Maria Francisca, abrindo-lhe um sorriso.

— Droga! Veja isso?

— Xiii, seu Rodolfo, tá parecendo sangue o *ketchup* na sua camisa — riu da desgraça dele.

— Você ainda consegue sorrir, Maria Francisca! — despejou como se ela fosse a culpada das doidices da Luana e da chuva torrencial lá fora.

Ela meneou a cabeça, continuou sorrindo como se ele nada tivesse dito.

— Mas não é nada, Seu Rodolfo, fica tranquilo. Desculpa a intromissão, mas é a segunda vez no dia que o senhor esbarra em mim. Anda muito distraído, hein, seu Rodolfo?! Se ficar distraído assim no trânsito, misericórdia, vai parar no hospital igualzinho ao seu pai.

— Minha curiosidade é saber — disse, controlando a voz — de onde você tira esse humor, Maria Francisca. Nada te abala?

— A vida é um presente, seu Rodolfo — ela deu um passo na direção dele, olhou-o fundo nos olhos. — Cedinho, quando saio de casa, escolho ter um dia feliz.

— Para ser honesto, Maria Francisca, não acredito nessa filosofia.

Ela, com o jeitinho guru de ser, que Rodolfo agora percebia, completou:

— Experimente, seu Rodolfo. O senhor vai perceber a diferença. Sabe, eu já disse, mas vou repetir, três anos atrás eu estava como o senhor, sempre mal-humorada, triste, perdia a paciência à toa. De tanto dar cabeçada, quase perdi minha família.

Rodolfo se perguntou aonde ela queria chegar com essa conversinha mole.

— Não sei se o senhor lembra — prosseguiu —, mas naquela época, fiquei quase dois meses de licença saúde, depressão brava. Depois de muito sofrer, aprendi que esses sentimentos também faziam parte de mim — Rodolfo sentia-se patético ouvindo essas baboseiras. — O primeiro passo foi mudar o pensamento, parei de reclamar da má sorte. Aceitei as coisas que eu não podia consertar. Se o senhor tivesse lido aquela folha, saberia do que eu tô falando. Fico contente que o senhor percebeu que hoje sou uma mulher feliz. Sei aonde quero chegar.

— Onde aprendeu essas frases feitas?

— Frases o quê?

— Deixa pra lá, Francisca.

— Ah! Foi minha mentora do coração quem me ensinou. O senhor sabe disso.

— É... Sei.

— Seu Rodolfo, se você conhecesse minha mentora ia entender essas frases feitas, quem sabe até aprender.

Ele a ignorou e continuou rumo à sala.

— Se o senhor... — ela ergueu a voz.

De costas ele respondeu, interrompendo-a:

— Chame o pessoal da limpeza para cuidar do que você não conseguir limpar. Avise a manutenção se o *ketchup* da parede não sair.

Enfim, Rodolfo se livrara da Maria Francisca. Entrou e jogou o envelope amassado sobre a mesa. Ainda não conseguia acreditar que a Luana levaria aquilo adiante. Circunstâncias poderiam mudar!

Abriu a pasta pessoal, tirou para fora todos os documentos, revista, caderno. Folheou o caderno, viu uma folha de papel dobrada no meio, abriu-a, era o princípio escrito por Maria Francisca. Passou os olhos no texto, guardou de novo. Em seguida, tirou o telefone da base e digitou o número do amigo Daniel. Tocou até cair a ligação.

— Droga! Essa mania de Daniel não atender o telefone quando eu necessito falar com ele.

Decidiu ligar para Júlio. Ele precisava falar sobre aquilo com alguém.

— Júlio, ela cumpriu a ameaça!

— Qualquer coisa que precisar, conte comigo.

Desligou o telefone. Sentiu uma dor aguda, como se fosse ponta de faca enfiada no estômago. Apertou a barriga buscando alívio. Nessas horas, a avó sempre tinha um remedinho na mão. Qual receita ela recomendaria para apagar o incêndio dentro dele?

Puxou a gaveta, pegou o último comprimido para dor de estômago, o copo sobre a mesa tinha água fresquinha, tomou-a. Maria Francisca devia ter passado por ali antes do acidente no corredor.

De novo, tirou o telefone da base. Ele precisava falar com a Luana. Digitou o número da casa, chamou até cair a ligação. Ligou no celular, ouviu: "esse telefone está desligado ou fora de área". Isso o deixava intrigado. Onde se escondia a mulher? Insistiu várias vezes na casa e no celular, nada. Não podia desistir. Mais uma vez chamou pelo celular, caiu direto na caixa postal: "deixe sua mensagem após o sinal". Desta vez, explodiu de raiva e gritou a mensagem:

— Essa é a milésima vez, você não quer atender, já entendi. Covardia, Luana.

Seu humor foi de vez para o saco. Os olhos tremulavam sem parar. Num salto, levantou-se e foi até a janela exercitar a paciência. A dor continuava.

Voltou a se sentar. Já que não conseguia falar com Luana, nem com Daniel, então, recorreu ao Júlio, convidou-o para tomar café.

— Posso em dez minutos, estou finalizando o relatório de produção para o chefe – respondeu o colega.

Desgraça pouca seria besteira. Para piorar, levantou-se apressado e a perna bateu na mesa. Em vez de esbravejar, silenciou. Rodolfo devia ter saltado da cama pela manhã com o pé esquerdo, o que mais poderia acontecer de ruim nesse dia?

Os dois chegaram juntos à lanchonete. Júlio queria saber se o colega conseguiu falar com a ex-esposa.

— Meu amigo – respondeu Rodolfo –, sabe aqueles dias em que não se consegue falar com ninguém?

— Olha, Rodolfo, saber não sei, mas vá em frente.

— Uma verdadeira conspiração. Escutei nos últimos quarenta minutos: "esse número de telefone não existe, confirme o número discado", "esse telefone está desligado ou fora de área, tente mais tarde".

— Então, não falou com ela.

— Nada.

— Incrível – concluiu Júlio, enquanto se dirigia ao balcão para fazer o pedido.

Rodolfo se lembrou da forte fisgada. O café poderia agravar ainda mais a dor insana.

— Pra mim, chá, por favor!

Ficou sentado, esperando o colega retornar. Na mente, duas perguntas se cruzavam. "Onde estaria a Luana? Ela levaria adiante a ação?"

Júlio trouxe à mesa duas xícaras.

— Planeta Terra chamando...

— Opa!

— Vai precisar de um bom advogado – Júlio avisou.

— Advogado! Nem pensei nisso.

A expectativa de persuadir Luana a desistir do processo limitava a racionalidade de Rodolfo. Lógico, contratar um advogado era essencial, aliás a primeira providência a tomar. Mas quem? O doutor Josué vivia por conta daquele amontoado de processos. O outro advogado entrara na empresa há pouco tempo, Rodolfo não o conhecia direito. Agora se dava conta de que precisava contratar um bom advogado.

De volta à sala, apanhou a intimação, dobrou-a e enfiou-a no bolso do paletó. Esticou o braço sobre a mesa, alcançou o telefone e digitou o ramal do doutor Josué. O próprio doutor atendeu. Rodolfo perguntou se poderiam falar em particular, sobre um assunto pessoal e urgente.

— Rodolfo — respondeu o doutor —, impossível, estou atulhado de processos também urgentes.

Rodolfo preferiu não insistir. Em vez disso, correu escadas acima. Nessas horas, o olho no olho gerava melhores resultados. Chegou à porta da sala do doutor Josué. Na mesa dele, viu uma pilha de pastas muito mais alta do que a do outro advogado, colega de sala. Observou o advogado debruçado no que parecia um processo de muitas páginas. Então, para anunciar sua presença, deu três toques na porta.

O Dr. Josué ergueu a cabeça, tirou os óculos e colocou-os sobre a mesa. Meneou a cabeça, negando. Esfregou os olhos e foi ao encontro de Rodolfo. Estendeu-lhe a mão.

— Como vai, Rodolfo?

— Desculpe-me por tomar seu tempo. Preciso de orientação, o caso é muito urgente.

— Vá falando, Rodolfo. Como eu disse, estou atulhado de processos urgentes.

O doutor apontou as pilhas de pastas sobre a mesa. Rodolfo tirou do bolso a intimação, entregou-a ao doutor Josué.

— Recebi essa ordem judicial pouco depois do almoço e eu preciso de orientação de um advogado.

O doutor voltou à mesa, recolheu os óculos, apertou-os contra os olhos e correu a vista pela sentença.

— Como sabe, Rodolfo — disse de cabeça ainda baixa —, essa não é a minha área. Posso indicar um de meus colegas. Deixe o documento comigo. Amanhã falaremos.

— Doutor, me diga, eu preciso comparecer a essa audiência de conciliação?

— Sim — respondeu o doutor, enquanto examinava o documento. — É obrigatória a sua presença e a da sua ex-esposa, Rodolfo.

— Só mais uma pergunta...

O doutor o interrompeu:

— Amanhã, Rodolfo.

Desolado, Rodolfo permaneceu estacado no meio da sala, enquanto o doutor retornava à mesa atulhada.

Ah, Luana, sua ingrata! Como teve coragem de fazer isso? Se quer atendia o telefone. A essa altura – mais de cinco da tarde marcavam os ponteiros de seu relógio –, ele via-se obrigado a ir à casa dela tirar tudo a limpo. Só que combinara um cinema com Sofia e, no meio da confusão, não se lembrara de cancelar o compromisso. O caso era urgente, a amada entenderia.

Após deixar o doutor Josué, Rodolfo voltou para sala cabisbaixo. Na mente, a ideia fixa: "Luana vai suspender a ação; sim, ela vai deixar de lado essa bobagem". Desligou o computador, recolheu os pertences e saiu rápido em direção ao estacionamento. Chegando bem próximo ao carro, alguém acenou de dentro de um imponente veículo prata, novinho, vidros filmados. O carrão parou ao lado dele.

— Vem cá, seu Rodolfo. Entra aqui pra ver como é o meu carrão por dentro.

Ele se surpreendeu com a copeira dentro do carro novo.

— Outro dia, agora não posso – respondeu.

— Só um minuto, seu Rodolfo! O senhor nem sonhava ver a copeira acenando daqui de dentro, toda pomposa.

— Eu...

— Tenho certeza que o senhor pensou que fosse o chefão, não pensou? O modelo é igualzinho ao dele. Fiz questão de comprar igual. Era o meu sonho, seu Rodolfo – ele apenas balançava a cabeça em negativo. – Tem gente que vê isso e sai dizendo: "Essa aí ganha dinheiro fácil". Sei que o senhor não é disso, mas o meu vizinho invejoso falou um monte.

De onde ela tira essas ideias de jerico? Naquele instante, Rodolfo se manifestou, arrogante.

— Igualzinho, Maria Francisca! Logo se vê que você não entende nada de carros. O do chefão custa o triplo do valor desse seu.

— Ah, que importância tem isso, seu Rodolfo? O jeitão do carro é igual.

— Financiou em setenta e duas vezes, Francisca?

— Virgem Santa, seu Rodolfo. Parece que seu carro tem um amassado novo aí, na porta de trás, o senhor já viu? Acho que alguém fez barbeiragem.

Não faltava mais nada. Rodolfo deslizou as mãos nos cabelos.

— Merda! – ele passou a mão no amassado para avaliar o estrago. – Droga de vida!

Rodolfo debruçou-se sobre a porta, depois massageou o ombro direito. A tensão tomou conta. Santo Deus! Quando isso iria parar? Deveria ir direto para casa. Mas não podia. Droga!

— Isso não é nada, seu Rodolfo, fica calmo. Conheço um funileiro dos bons lá perto de casa. Se o senhor quiser, posso trazer o telefone dele amanhã. Em dois dias o senhor tem o seu carro de volta, novinho em folha. Ele é barateiro. Ah! Faz parcelado em quantas vezes o senhor quiser.

— Se nem o cartão da mentora você trouxe, faço ideia que trará o do funileiro.

— Ah! Voltando à conversa de antes, posso até concordar que financiar é fácil, mas esse aqui ó – alisou o carro com orgulho – paguei à vista, segui o conselho do seu Júlio e ainda consegui um bom desconto.

— Sei.

Ele já nem escutava as palavras dela. Nem sequer lhe interessava saber. Na realidade, queria convencer Luana a retirar a queixa.

— Pois agora, vou contar ao senhor como dei a volta por cima. Olha, seu Rodolfo, minha vida mudou mesmo foi depois de ter conhecido a mentora do coração.

— Maria...

Ela o interrompeu.

— Espera, seu Rodolfo, deixa eu terminar. Sabe, nunca tive preguiça de trabalhar, sempre fui muito dedicada, o senhor me conhece! Mesmo assim, vivia empacada, aquelas coisinhas me atrapalhavam...

— Hum... Vou andando, Maria Francisca.

Ela segurou o braço dele e falou:

— Já tô terminando, é importante o senhor saber. Eu vivia em função das outras pessoas. Sempre preocupada com aquela gente que tem prazer em cuidar da vida alheia, o senhor entende? – Rodolfo balançava a cabeça de um lado para o outro. Ela insistiu: depois ...

Desta vez, ele a cortou.

— Agora vou mesmo.

Entrou no carro. Ela saltou para fora do veículo e se debruçou na porta, ainda aberta. Continuou jorrando suas crendices:

— Seu Rodolfo, você precisa descobrir se tem "coisinhas" atravancando seu caminho.

— Maria Francisca, Maria Francisca, você está se referindo a macumba?

Ela fez o sinal da cruz.

— Deus me livre, seu Rodolfo. Deus me livre e guarde. Não sou disso, não. Eu falava da mentora. Ela dizia que os pais ensinam coisas boas e coisas ruins pra gente, desde criança. Mas eles não fazem por mal, é só o jeito de dar proteção pra nós. Daí, seu Rodolfo, chega um tempo que a gente precisa descobrir se aquilo que ensinaram presta ou se precisamos aprender outras coisas diferentes. O senhor tá me entendendo?

Ele se sentia um perfeito paspalhão dando ouvidos à copeira. Ela continuou:

— Precisa descobrir se o senhor está... está... repetindo... Essa é a palavra da mentora. Repetindo coisas de seu pai, de sua mãe, sei lá mais de quem.

Apesar da incongruência, ele queria saber a conclusão.

— Tá bom, quais eram as "coisinhas"?

— Ah! Eram tantas — ela girou o pulso, viu as horas. — Não vai dar pra falar agora, quero chegar em casa antes do meu Chuchu. Vou ficar bem cheirosa pra ele. Outro dia eu conto tudo se senhor ainda quiser saber. Até amanhã, seu Rodolfo!

— Mas... Francisca...

A enxerida acelerou.

A conversa sem nexo de Maria Francisca o intrigava. Afinal, que raios de coisinhas seriam essas? Como ela deu a volta por cima? Ele poderia mudar de vida se conhecesse a mentora do coração da Francisca. Mas a tal mentora não seria delírio da copeira? A verdade é que não tinha tempo para pensar nisso, seu problema real chamava-se Luana.

Capítulo 25

O trajeto até a residência da ex-esposa foi longo. Por Deus, ele precisava terminar logo com isso. Assistia, sem sair do lugar, aos minutos correrem no relógio do painel do carro. Impossível atingir mais de vinte quilômetros por hora no trânsito insuportável dessa cidade. Quando isso finalmente ocorria, o sinal fechava. Rodolfo esmurrava a direção para descarregar a excessiva adrenalina. Absurdo! Nada justificava gastar mais de uma hora para rodar onze quilômetros.

Num instante de sanidade, ele ponderou que não adiantava esmurrar a direção, teria de seguir em frente. Virou à direita, depois à esquerda. Só que a rua estava bloqueada. Uma placa indicava "desvio". Oh, inferno! Como podiam interditar ruas de tráfego intenso a essa hora? Pior, teria mesmo de "cooperar com o inevitável". Seguiu a sinalização por mais quatro quadras, fez o retorno, enfim estava na rua da Luana.

Passava das sete da noite quando chegou à portaria do prédio. Avisou ao porteiro que iria ao apartamento 73.

— Tem ninguém em casa não, seu Rodolfo — informou o porteiro.

— Impossível — retrucou. — A Luana já deve estar em casa a essa hora.

— Espera um pouco. Tem recado da dona Luana — abriu a agenda surrada. — Tá aqui, olha, a dona Luana viajou hoje de manhã.

— Viajou? Por acaso diz aí para onde?

O porteiro virou a agenda na direção de Rodolfo.

— Sei não, senhor. Pode ler, só tem isso escrito.

Essa não! Que desgraçada! Fez a denúncia e se mandou. Ele socou a mão contra a parede, seus dedos formigaram por longos segundos.

Tudo perdido! Tirou do bolso a chave do carro, meneou a cabeça em desaprovação. Atordoado com a situação, andou uma quadra quando se deu conta de que o carro estava do outro lado. Para piorar, o celular disparou a chamar. Número privado. A essa hora? Dane-se!

Capítulo 26

Depois de tantos desencontros, Rodolfo só queria chegar em casa e relaxar um pouco, mas na portaria ficou sabendo do telegrama em seu nome. Logo veio à mente a contraproposta de quitação da dívida antiga, naquele dia vencia o prazo de três dias úteis informado pela empresa.

Ele estacionou o carro, voltou à portaria, pegou o troço e subiu. Ainda no elevador, abriu o telegrama. Era a resposta da empresa. Correu a vista nas três possibilidades apresentadas: na primeira, concediam-lhe cinquenta por cento de descontos para pagamento à vista. Na segunda, vinte e cinco por cento em quatro parcelas. Já na terceira opção, poderia pagar o valor total sem descontos em dez vezes. Por dentro, a fisgada no estômago o fez ligar dívidas a problemas de saúde.

Em quinze dias corridos, a partir daquela data, ele teria de quitar a dívida total ou parcial. Só que a forte pressão na cabeça o impedia de raciocinar. Resolveu enfiar o envelope na pasta. Pediria ajuda ao colega Júlio, quando chegasse ao escritório. Agora teria de cuidar da dor de cabeça.

Capítulo 27

No dia seguinte, enquanto organizava a mesa de trabalho, Rodolfo ouviu passos no corredor. Ele ergueu a cabeça, o colega surgiu na porta.

– Ah, Júlio, preciso de ajuda.

– Minha ajuda...

– Sim. Tenho de tomar uma decisão urgente e estou sem cabeça para avaliar a melhor proposta. Veja isso – ele pegou o papel e esticou a mão na direção do colega.

Júlio aproximou-se da mesa. Tomou nas mãos o telegrama, manteve os olhos grudados naquilo por minutos. Para Rodolfo, o colega era muito lento nas reações. Não se conteve em esperar a opinião, foi logo questionando.

– Então, Júlio, qual é a melhor alternativa?

– Do que se trata, Rodolfo?

– Ah, Júlio, é uma longa história.

– Posso saber?

– Claro.

Rodolfo abreviou a história dizendo ao colega que a compra de um *notebook* pela internet, não foi faturada na ocasião. Agora, passados cinco anos estava sendo notificado.

– Entendi. Assim de pronto, a melhor alternativa é pagar à vista, Rodolfo.

– À vista?

– À vista. Cinquenta por cento de descontos é mais vantajoso. Se você puder esperar até o fim do dia, farei outras simulações.

– Fim do dia, Júlio? Pensei que... – Desta vez foi Júlio quem o interrompeu.

— Calma, Rodolfo, é importante avaliar as possibilidades. Por exemplo, tomar empréstimo bancário e pagar o credor à vista. Mas, para isso precisa-se pesquisar taxa de juros, saber em quantas parcelas se tem mais vantagens.

Oh, Deus! Paciência. Rodolfo precisava se abastecer de muita paciência quando queria a opinião do colega.

— Depois — continuou Júlio —, vou comparar com a segunda opção em que oferece vinte e cinco por cento de descontos. De cara eu lhe digo, a terceira opção é escandalosa. Se houve erro na operação, segundo o que você me disse, Rodolfo, erro de ambas as partes, logo é justo fazerem um acordo.

Rodolfo tirou o papel das mãos de Júlio. O colega, de boca aberta, nem reagiu. Não adiantava esperar a ajuda dele, o problema era seu. Só seu. Deveria procurar os órgãos de defesa do consumidor. Mas isso só atrasaria a solução dos problemas. Abandonou o papel sobre a mesa, arrastou-se, como de hábito, até a janela. Observou por instantes a paisagem urbana. Depois, voltou-se ao colega.

— Entendi, Júlio. Irei ao banco logo mais.

Na hora do almoço, Rodolfo saiu direto para o banco. Precisava de orientação do gerente a respeito das taxas de empréstimo. Seu colega, Júlio, foi categórico. Disse a Rodolfo que precisava fazer várias simulações antes de decidir.

— Olha, Rodolfo — disse o gerente. — Tenho, pelo menos, duas opções de empréstimos. Diga-me, em quantas parcelas pretende contratar?

— Depende do valor das parcelas, da taxa de juros, correções... talvez cinco ou até dez parcelas.

— Deixe-me ver.

O gerente levantou-se. Abriu a gaveta do armário que ficava no canto à esquerda de sua mesa, puxou uma ficha. Manteve aquilo grudado diante dos olhos por instantes. Depois, guardou.

— E...

— Tenho boas notícias. Talvez você possa pedir um empréstimo consignado. Nesta modalidade, as parcelas são equivalentes a 30% do seu salário, podendo quitar a dívida em até sessenta meses.

— Sessenta meses?

— Isso.

— Nem pensar.

— Espera. Vou lhe explicar — disse o gerente.

— Só preciso saber quais as taxas e quando o dinheiro estará disponível em minha conta, por favor.

— Aqui está — mostrou a tabela. — Empréstimo pessoal, 4,53% ao mês. Depois de assinar o contrato, entregar esses documentos — apontou a lista —, em 24 horas o dinheiro estará liberado em sua conta-corrente. Já o consignado, a taxa é de 2,04% ao mês — menos da metade, Rodolfo avaliou —, neste caso, sua empresa precisa ser conveniada ao banco. O dinheiro estará disponível em até 48 horas. Depende da liberação do RH da FIBRAX.

— Quando posso saber se temos convênio?

— A pessoa responsável pelos convênios está em horário de almoço, retornará em meia hora. Mas isso é de conhecimento do seu RH.

Meia hora?

Sempre assim, meia hora depois, três dias depois... como se Rodolfo tivesse todo o tempo do mundo para resolver problemas. Inadmissível apenas um funcionário controlar informações... Ou seria má vontade do gerente por ser hora do almoço? Resignado, concluiu que aquele diálogo era improdutivo. Ele teria de colocar foco na solução em vez de se preocupar com o operacional do banco. Continuou:

— Mais tarde eu trago os documentos.

Rodolfo saiu do Banco, estava a caminho do escritório, preso em pensamentos, calculando o montante do empréstimo. Precisava saber a opinião do Júlio sobre o tal consignado. Embora fosse lento nas respostas, o colega era um profissional inteligente e o mais indicado para ajudá-lo a sair daquele impasse. Ele girou o pulso, no relógio marcava 12h45. Júlio deveria estar almoçando. Mas os hábitos do colega eram tão previsíveis quanto os do amigo cético, Daniel. Estaria no restaurante de sempre, ocupando a mesma mesa.

No restaurante, logo avistou Júlio, sozinho, na mesa lateral direita. Aproximou-se, puxou a cadeira e sentou-se de frente ao colega.

— Falei com o gerente, Júlio.

— Resolveu?

— Ainda não. Ele me falou de um tal empréstimo consignado, você conhece?

— Sim.

— É bom negócio?

— Depende.

Paciência tinha limites. Oh, Deus! Nada fácil acompanhar o raciocínio lento do Júlio.

— Não entendi.

— Fácil, Rodolfo. O consignado é descontado em folha de pagamento. Você paga o empréstimo em até sessenta vezes. O valor da parcela não pode ultrapassar 30% do seu rendimento. Por isso, o RH deverá autorizar o desconto em folha. As taxas são as mais baixas. Sabendo usar, é uma boa opção.

— A taxa atual é de 2,04%, disse-me o gerente. O que você quer dizer com "sabendo usar", Júlio?

— Tem muita gente endividada por causa do mau uso dessa modalidade de empréstimo. Sempre refinanciando a dívida de longo prazo. O salário fica comprometido.

— Entendi.

— O que vai fazer, Rodolfo?

— Ainda tenho tempo para decidir. Vou levantar as dívidas mais urgentes. Talvez valha a pena eliminar as de juros mais altos. Você acha conveniente?

— Sim, isso é muito conveniente. Só cuide para não crescer os olhos e pegar emprestado mais do que precisa, Rodolfo.

Crescer os olhos... Até Júlio o recriminava, como se Rodolfo continuasse o velho perdulário do passado. Essa imagem teria de mudar. *Oh, God!* Rodolfo só queria tranquilidade e a famigerada qualidade de vida. Como conseguiria isso? Talvez por milagre.

Capítulo 28

No dia seguinte, antes de ir para o escritório, Rodolfo passou no hospital para visitar o pai, que já se encontrava fora de perigo, restabelecendo-se em apartamento particular. A mãe fazia companhia a ele.

— A benção, mãe; a benção, pai.
— Deus o abençoe, filho – respondeu a mãe, enquanto o pai apenas consentia movendo a cabeça.
— Está melhor, pai?
— Ué... Você não estava viajando, Rodolfo?
— Não, pai.
Rodolfo e a mãe se entreolharam. Ele insistiu.
— Você estava viajando com os meus netos – ele calou-se por instantes, depois continuou. – Dora, por que a gente não vai para casa?
— Você está se recuperando, Lício.
— Recuperando...
— Pai, o senhor se lembra de ter ido ao meu escritório?
— Nem sei onde fica seu escritório, Rodolfo.
— Mas o senhor se lembra da boa quantia de dinheiro que entraria em sua conta , não se lembra?
— Dinheiro? Que dia é hoje? Dia do pagamento da aposentadoria, Dora? Se for, não é grande coisa, disso eu me lembro.
— Não, Lício – respondeu a mãe. Rodolfo e ela se entreolharam de novo.
Nem tudo estava perdido. As memórias anteriores foram preservadas, felizmente. Naquele dia, lá no escritório, o pai parecia muito lúcido. Entretanto, a mãe nada sabia a respeito do dinheiro. O que não era normal. Mas se o pai lhe confiou esse segredo, pela primeira vez na vida, ele

o guardaria. O importante era entender o quadro clínico dele, antes de seguir para o trabalho.

Na sala do médico, Rodolfo ouvia atento o diagnóstico do pai.

— Rodolfo, seu pai sofreu concussão cerebral. Algumas complicações podem ocorrer nos pacientes com lesões graves, como: cefaleia, irritabilidade, ansiedade, falta de concentração, perda temporária da memória, mudanças de personalidade, insônia, vertigem, zumbido no ouvido, alterações visuais, dentre outros problemas. Estamos em fase de observação, em breve submeteremos o senhor Lício a novos exames cerebrais. Em geral, os sintomas duram de três meses a um ano.

— Todo esse tempo, doutor? O que podemos fazer para abreviar?

— Cada caso é um caso, Rodolfo. Seu pai tem se mostrado forte, está se recuperando muito bem. Mas dizer por quanto tempo ele terá esse lapso de memória, isso não posso afirmar.

Dez minutos depois, Rodolfo deixou a sala do médico. O cenho franzido revelava o tamanho da preocupação. Mas não era com o pai. Os diálogos mantinham-se ativos dentro da cabeça dele. Dívidas, financiamento, empréstimo... Ele nem se deu conta de voltar ao apartamento para dar satisfação à mãe. Saiu direto para o trabalho.

Naquele momento, ocorreu-lhe a ideia de vender o carro, só que depender de transporte público nesta cidade era de enlouquecer. Talvez pudesse trocar por outro mais barato. Trocar. Enfim, ótima ideia.

Quando chegou à empresa, o plano seria pesquisar preços de carro, saber quanto valia o dele e por qual poderia trocar de maneira que lhe sobrasse dinheiro suficiente para quitar parte das dívidas. Só que a mesa estava forrada de *post-it*. Recado do diretor, de Júlio, de Sofia, cliente pedindo retorno.

— Santo Deus, por qual deles começar?

Primeiro, foi correr as cortinas, depois, abriu a pasta, tirou de dentro o computador, conectou-o. Respirou fundo e pegou o telefone.

— Silvinha, o chefe quer falar comigo?

— Ele queria, Rodolfo, mas já resolveu com o Júlio.

Resolveu com o Júlio?

Largou o telefone na base, levantou-se, deu a volta pela mesa, saiu em direção à sala do Júlio. Da porta, ele observou a mesa limpa, sem computador ou relatórios. Pelo visto o colega não estava na empresa. Teria acompanhado o diretor em reunião externa? Por que o chefe não ligou no celular? *Oh, shit!* As coisas iam de mal a pior. Os outros recados poderiam esperar. A pesquisa de preço de carro também pedia urgência.

Ele acessou sites de compra e venda de veículos. Localizou um endereço próximo à empresa e agendou uma visita na parte da tarde. Checou as horas, passava de meio-dia. Comer qualquer coisa lhe faria bem.

Logo após o almoço, o telefone tocou o som de ramal interno. Rodolfo atendeu.

— Ir à sua sala às catorze horas, doutor? — confirmou a informação do doutor Josué. Devia ser para falar sobre a ação da Luana.

Ação! Ele balançou a cabeça. Outra pendência que demandava solução. Teria evitado esse desconforto caso tivesse sido mais organizado? Provável. Muito provável. Quantas ações dependiam dele para se livrar dessa ação judicial.

Faltando cinco minutos para às duas da tarde, Rodolfo subiu as escadas. Da porta de entrada da sala do advogado, avistou uma mulher de porte elegante, loira, estilo resoluto, aspecto bem jovial. Uma encantadora presença feminina sentada em frente ao doutor Josué. Deve ser candidata a estagiária, deduziu.

Entrou na sala. O doutor, rapidamente, antecipou a apresentação.

— Rodolfo, a doutora Raissa Leite irá orientá-lo em relação à ordem judicial. Vocês precisam conversar para acertarem os detalhes. Estou de saída, fiquem à vontade.

Rodolfo sentiu-se desconfortável. Ela deveria ser recém-formada. Aproximou-se.

— Doutora Raissa Leite, temos um grande desafio — disse, olhando fundo nos olhos azuis dela. — Você... posso tratá-la assim?

— Sem cerimônias, Rodolfo.

— É... Desculpe-me a franqueza, pensei que fosse candidata a estagiária.

— Ah! Sério?

— Sério.

Sem dizer mais nada, ela se levantou da poltrona, pegou as coisas de cima da mesa do doutor Josué, virou-se, colou os olhos em Rodolfo, despejou:

— Então, não vamos perder tempo. Sem confiança, não há como defendê-lo — saiu porta afora.

— Mas...

Os passos firmes dela no corredor pisoteavam a alma de Rodolfo. O momento pedia ação, talvez correr e alcançá-la. Em vez disso, permaneceu inerte na sala, repetindo a frase preferida de Sofia: "todo comportamento tem um propósito". E qual seria mesmo o propósito dele? Teria sido, por acaso, testar a autoconfiança da doutora? Asneira.

Pulou da cadeira e saiu a passos largos pelo corredor na esperança de corrigir a gafe.

Já no estacionamento, encontrou a doutora Raissa abrindo o carro. Na pressa, Rodolfo pisou em falso, torceu o pé e o sapato esquerdo soltou-se. Agachou rapidamente e pegou o sapato, mas não calçou. Queria evitar que ela entrasse.

— Doutora Raissa, doutora Raissa! — implorou. — Perdoa a minha estupidez, precisamos conversar.

Naquele instante, ela parecia mais alta do que Rodolfo havia notado. O olhar superior, cheio de astúcia, esmagou o ego dele. Suspense ameaçador. O sapato continuava nas mãos de Rodolfo. Ele decidiu calçar.

Enfim, ela se manifestou:

— Muito bem, senhor Rodolfo, antes de qualquer julgamento pessoal, sou profissional. Eu me garanto. Vamos lá!

Envergonhado, pensou em outra frase de Sofia quando divergiam em ponto de vista: "O mapa não é o território, senhor Rodolfo!" Ele acabara de julgar a doutora pela aparência e não pelo conteúdo. Teria de aprender a travar a língua, isso sim.

— O papo é rápido — ela disse. — Quero conhecer os fatos. Todos!

— Estou à disposição, doutora. Vamos retornar à sala do doutor Josué.

— Está certo.

Chegando à sala, Rodolfo deu um passo à frente e convidou-a a entrar.

— Sente-se! — ele disse.

Ela sentou-se. Tirou o *tablet* da bolsa e começou a questioná-lo.

— Explique-me sobre o acordo judicial, a pensão alimentícia.

— Doutora, a pensão é trinta por cento do salário, sem incluir comissões ou premiações. O valor é descontado direto em folha de pagamento. Também assumi, por conta, fora do acordo judicial, o pagamento das mensalidades escolares de meus filhos e o financiamento do apartamento onde moram.

— Desculpe-me a indiscrição, mas preciso saber qual o seu salário, o valor da escola dos filhos e as prestações do financiamento.

— Diagnóstico.

— Como? – ela quis saber.

— Nada. Pensei alto.

Ele havia lido no papel da Francisca sobre fazer diagnóstico do orçamento. Na sequência, informou a ela todos os gastos, a grosso modo, pois não controlava as despesas. A doutora abriu a planilha e organizou tudo. Após puxar a soma, ela disse:

— Olha, Rodolfo, por alto, mais de cinquenta por cento dos seus rendimentos vão para a família.

— Tudo isso?

— Pelo visto, não costuma acompanhar seu orçamento – ele abaixou a cabeça, ela continuou: – Tem mais alguma coisa que valha a pena eu saber?

— É, não bastasse tudo isso, outro dia ela telefonou pedindo dinheiro. Disse saber dos meus ganhos complementares.

— Você depositou?

— Não.

— Agiu bem. A coerção é considerada moralmente repreensível. Favorece sua defesa.

Rodolfo se contorceu de dor, o tornozelo ardia em chamas. Mas ela não se impressionou com o desconforto dele, continuou impávida. Postura firme!

— Entendo... – ele precisava apoiar o pé. Esticou o pescoço, olhou em torno –, com licença, doutora, vou puxar uma cadeira para apoiar o pé.

— Já estamos concluindo – a doutora respondeu e continuou. – Como você se relaciona com os filhos?

Rápidos como raios em dia de trovoada, os pensamentos da advogada articulavam perguntas, ao mesmo tempo que ela digitava no *tablet*.

— A cada quinze dias, eles ficam um fim de semana comigo. Uma vez a cada semana, às quintas-feiras, hoje, por exemplo, eu os pegarei na escola. Jantaremos juntos.

— Se bem entendi, a pensão alimentícia é descontada do salário. Os outros pagamentos são feitos em dia?

— Quase sempre em dia.

— "Quase" não é uma boa resposta.

Mulheres...

— Depositei na conta da Luana dois meses atrasados, há três dias.

— Depositou? Pensei que fosse carnê ou boleto.
— Não, deposito direto na conta dela..
— Certo. Quando se separaram, ela trabalhava?
— Sim, Luana é professora do ensino fundamental. Nos separamos há seis anos.

Rodolfo sentiu o suor frio escorrer pela testa. Procurou nos bolsos um lenço; nada. Passou as costas da mão. O pé já não se acomodava dentro do sapato.

— Ela é boa mãe?
— Isso não posso negar. Luana é boa mãe. Embora... — ele torceu outra vez o pescoço à procura de apoio para o pé. — Doutora, só um instante — ele arrastou-se pela sala, puxou uma cadeira e apoiou o pé. — A dor está insuportável — disse.
— Claro! Você ia concluir dizendo...
— Ela vive tentando jogar os meninos contra mim, doutora. Eles contam, sabe como são as crianças, sem segredos. Eu os amo mais do que a mim mesmo. Às vezes perco a cabeça, retruco diante deles. Isso me faz muito mal.
— Você consegue comprovar isso?
— Como assim, doutora?
— Comprovar que sua ex-esposa "envenena" seus filhos. Você, bom pai, carinhoso, atencioso, presente... Você é um bom pai, Rodolfo?

Ela o provocou.

— Sem dúvida, doutora. Abro mão de qualquer coisa por meus filhos. Agora, quando você fala em provas, isso significa envolvê-los?

Nessas horas, o estômago revirava. Difícil assimilar a ideia.

— Lembre-se, Rodolfo, a prerrogativa é quase sempre favorável à mulher. Agora, fica tranquilo quanto a envolver seus filhos, a lei de "alienação parental", os preserva. Os pais não podem mais jogar um contra o outro, sob pena de perder a guarda dos filhos.
— Entendi.
— A respeito de suas outras verbas remuneratórias, qual o valor médio mensal? É ganho contínuo?
— Vinte por cento do salário, em média. Sempre que batemos a meta.

— Por hoje basta. Passe em meu escritório amanhã, na parte da tarde, para assinar os papéis: procuração, contrato e nós conversaremos sobre um possível acordo na audiência de conciliação — abriu a elegante bolsa de couro, pegou o cartão, esticou o braço e o entregou a Rodolfo. — Qualquer novidade, ligue-me, sem receio.

— Está bem, doutora, amanhã à tarde estarei em seu escritório.

Ela enfiou o *tablet* na bolsa, despediu-se, deu dois passos porta afora. Olhou para trás e recomendou:

— Rodolfo, junte todos os documentos, comprovantes de pagamentos são importantes, inclusive os de depósito das mensalidades escolares. Ah! Melhor ir ao médico.

Ele olhou para baixo de novo. A advogada devia ter razão. O pé ansiava por socorro. O plano de metas também exigia atenção. Ergueu a cabeça, arrastou-se em direção à sala pedindo a Deus paciência. Não queria força de modo algum, bastava-lhe paciência.

Capítulo 29

Antes do fim do expediente, Rodolfo ainda teria de redefinir as metas de sua equipe. O diretor cobrara ações efetivas para cumprir o orçamento. E o carro? Adiaria a avaliação para o outro dia. Além de tudo isso, às 18h00 buscaria os filhos no colégio. Dia de jantarem juntos. Se bem que não tinha notícias deles e de Luana desde que recebera a citação.

Ele puxou outra cadeira, tirou o sapato, alisou o pé, não estava tão ruim como imaginara, mesmo assim estava disposto a passar pelo pronto-socorro mais tarde. Esticou a perna. Começou a trabalhar quando ela, a copeira feliz, interrompeu-o.

– Seu Rodolfo, preciso contar uma coisa pro senhor.

– Tem de ser agora, Francisca?

– Ah, seu Rodolfo, eu lembrei muito do senhor hoje.

– Vai, fala logo.

– Posso mesmo?

Incrédulo, Rodolfo meneou a cabeça lenta e pesadamente. Ela, por sua vez, continuou.

– Eu achei o caderno, olha – abriu-o para que Rodolfo visse os outros princípios.

– E daí?

– Como e daí, seu Rodolfo? Aqui tem tudo o que aprendi com a mentora. Todos os segredos da mudança na minha vida. A do senhor também vai mudar. Eu aposto o quanto o senhor quiser.

– Olha, Francisca, queria muito dar atenção a você, só que estou atolado de coisas a fazer antes do fim do dia. Pode deixar o caderno comigo?

– Ah, isso não posso.

Ela fechou o caderno e colocou-o debaixo do braço. Balançou a cabeça desgostosa e saiu.

Essa copeira sem noção não percebia a angústia de Rodolfo. Ele deveria ter despejado o plano de metas em cima dela, talvez um dos princípios o ajudasse a definir os números... Misericórdia! Aquele caderno teria mesmo a resposta para suas questões? Duvidava. Ele tinha urgência em encontrar a fórmula de superação das metas para entregar ao chefe na manhã seguinte. Súbito, ele se deu conta do avançar do horário. Teria de finalizar o trabalho e ir buscar os filhos. Juntou os documentos, enfiou-os na pasta para concluir o trabalho em casa. Tinha mais quinze minutos antes de sair, precisava verificar *e-mails*.

Quando começava a responder os *e-mails*, Rodolfo viu Júlio passar em frente à sala e lembrou-se do *e-mail* que recebera do gerente do banco. Ele queria a opinião do colega.

– Júlio! – ele gritou.

– Sim...

– Quero mostrar a você a proposta de financiamento. Me ajude a entender isso, por favor.

Ainda na porta, Júlio perguntou:

– Tem de ser agora?

– Sim, Júlio. Tem de ser agora.

– Só tenho dez minutos, Rodolfo.

– Eu também. Entre!

Júlio entrou, puxou a cadeira e sentou-se. Rodolfo, de imediato, virou-lhe o computador. O colega fitou a tela por minutos. Jeito lento de avaliar as coisas. Depois manifestou-se:

– Rodolfo, Rodolfo... se bem me recordo, o valor da dívida era bem menor do que esse.

– Sua memória está perfeita, Júlio. O gerente sugeriu que eu cobrisse o cheque especial por causa dos juros altos.

– Hum...

– O que acha?

– Presta atenção, Rodolfo. Seu último contracheque está por aí? – Rodolfo abriu a gaveta, pegou o último pagamento, esticou o braço e o entregou ao colega. Outra vez, Júlio paralisou os olhos por segundos no holerite. – Seu contracheque é virgem – completou.

– Virgem?

— Não tem nenhum empréstimo, só os descontos regulares. Por isso, o termo virgem. A coisa funciona assim, olha — ele abriu a calculadora do celular. — O banco calcula o limite tomando por base 30% do seu salário bruto, menos empréstimos, que não é o seu caso. Meu conselho é que você comprometa até 30% do salário líquido.

Júlio fazia simulações, apurou os 30% do salário líquido, aplicou os juros de 2,04% ao mês, multiplicou por vinte e quatro parcelas, chegou ao valor máximo que o colega poderia tomar, 15% abaixo do valor enviado pelo gerente. Rodolfo acompanhava o raciocínio dele.

— Isso é vantagem, Júlio, vou carregar esse empréstimo por dois anos?

— Carregar por dois anos pagando menos juros do que tem pago até agora. Juros.

O colega saiu, Rodolfo ficou imerso em diálogos internos, deveria chegar em casa, abrir a planilha e calcular o valor total de suas dívidas. Essa ação fazia parte do primeiro princípio. Entender o momento atual, adotar medidas de mudanças no orçamento pessoal.

A opção do empréstimo consignado parecia atrativa, ele quitaria as dívidas de juros mais altos, contraindo outra de juros mais baixos. Mas ainda não estava convencido dos benefícios de carregar outra dívida por vinte e quatro meses ou mais, em vez de liquidar os débitos aos poucos sem contrair o empréstimo. Talvez ficasse mais claro após montar a planilha.

Capítulo 30

Eram cinco horas da tarde daquela quinta-feira. Rodolfo já estava a caminho da escola para encontrar os filhos. As aulas terminavam às dezoito horas. Há dias Rodolfo não conseguia falar com eles. Então, naquele momento, achou por bem telefonar na casa da sogra, ela deveria saber alguma coisa, já que Luana ignorava seus recados. Acionou o viva voz. Ouviu o tilintar do telefone. No quinto toque, atenderam.

– Alô!
– A senhora sabe por onde anda a Luana?
– Quem quer saber?
– É Rodolfo, a senhora já se esqueceu da minha voz?
– Ah, Rodolfo, estava distraída. A Luana viajou com os meus netos.
– Viajou... Para onde?
– Ela não disse.
– Então, só me resta denunciá-la por rapto.
– Não faça isso, Rodolfo, chega de confusão. Ela deve voltar logo.

A ex-sogra encobria as doidices da filha. Evidente. Restava-lhe outra alternativa, falar com a diretora da escola. A Luana teria que avisar sobre sua ausência como professora. Localizou o número na agenda, apertou o indicador. A secretária atendeu no segundo toque e informou que a diretora estava ocupada. Inconformado, procurou se apressar para chegar à escola antes de terminarem as aulas. A diretora teria de falar com ele. Só que o *iPhone* tocou. Era Sofia.

– Oi meu amor? – ele disse.
– Querido, você me perdoa?
– Perdoar o quê, meu anjo?

— Estou no aeroporto, só para variar. Podemos adiar o jantar com os meninos para amanhã.

— Fica tranquila. Já estou a caminho para buscá-los na escola. Faça boa viagem!

Rodolfo soltou os ombros.

Já em frente à escola, faltavam doze minutos para o final das aulas. Ele parou o carro em fila dupla, próximo à entrada principal. De repente, avistou uma mulher, de costas, semelhante à Luana indo portão adentro. Saltou do carro, sentiu um incômodo no pé, mas não queria perdê-la de vista. Continuou indo em direção à entrada.

— Luana! Luana!

Rodolfo gritava em vão o nome da ex-esposa que nem se deu ao trabalho de olhar para trás. Provavelmente, confundira a pessoa. Não devia ser Luana. A sogra e o porteiro confirmaram que ela tinha viajado.

Percebeu, então, que precisava estacionar o carro, correu os olhos nas imediações em busca de vaga; nenhuma livre.

De costas era idêntica à Luana. Seria ela? Ligou o pisca alerta, fechou a porta, apertou a chave para travá-la, deu três passos em direção ao portão do colégio, foi abordado pelo policial, intimando-o a tirar o veículo daquele lugar.

— Senhor, por favor, estou esperando meus filhos, em cinco minutos eles saem.

— Local proibido. Sujeito a guincho, o senhor não sabe?

— Saber eu sei, mas..

— Passe-me os documentos! — o policial interrompeu.

Isso era um pesadelo mais real do que a própria realidade. Rodolfo retornou ao carro, tirou o porta-documentos de dentro da pasta, separou a identidade, a habilitação e o CRLV. Entregou tudo ao policial que revirou aquilo como se procurasse pelo em ovo. Depois de minutos, pediu para acender os faróis, lanternas, luz de freio. Rodolfo seguia as instruções.

— Essa lanterna está queimada — o policial observou.

— Queimada?

— Sim. Está queimada, veja — Rodolfo desceu do carro. O policial continuou: — Tem de resolver isso já! Ou apreenderei seu veículo.

— Vou resolver agora — Rodolfo pegou o cartão da seguradora, digitou o número e pediu o serviço de assistência 24 horas ali mesmo, diante do policial. Ao mesmo tempo, mantinha-se atento à saída da escola.

A multa foi inevitável. O policial preenchia devagar o formulário. Após uma eternidade, Rodolfo ouviu:

— Assine aqui.

— Não vou assinar.

— Como queira – concordou o policial.

Enquanto recebia do policial a sua via da multa, Rodolfo ouviu uma voz idêntica à do filho.

— É o papai!

Atraído pela voz de Thiago, desviou o olhar na direção. Viu Luana fechando a porta do carro. Ela acelerou. Rodolfo, estacado na calçada, bufava enquanto o carro desaparecia de suas vistas.

Mais uma vez, ela o fazia de idiota. Além de mentir, tirava dele o direito de desfrutar da companhia dos filhos. Isso não era justo! Queria correr atrás dela, tirar satisfação. Mas a torção no pé pedia outra ação, ir ao pronto-socorro. Droga!

Após receber o serviço de assistência e ser liberado pelo policial, Rodolfo entrou no carro e estacionou em lugar apropriado, mas não desceu. Ficou parado por minutos decidindo se iria procurar pela diretora ou se devia seguir para o pronto-socorro cuidar da torção.

Deu a partida.

Enfim Rodolfo chegava ao pronto-socorro. Estacionou o carro. Foi até a recepção, aproximou-se do balcão de atendimento, a atendente entregou-lhe a ficha, ele preencheu em poucos minutos. Só que ficou estarrecido ao ouvir:

— Senhor, todas essas pessoas – a atendente girou o braço, apontando a sala –, aguardam atendimento de urgência. Sente-se! Aqui está a sua senha.

— Isso é absurdo! Eu tenho convênio – ele reagiu.

— Eles também têm – contestou, enquanto colocava a ficha dele em ordem de chegada.

Descaso com o cliente, essa gente desrespeitava todos os princípios do bom atendimento. Rodolfo correu os olhos no ambiente tumultuado, nenhuma cadeira livre. Insano ficar ali esperando para ser atendido. Resolveria o problema do seu jeito.

Abandonou a senha no balcão.

Saiu para o estacionamento. Entrou no carro, deu a partida. Ainda em frente ao pronto-socorro, enquanto aguardava pedestres atravessarem na faixa, um veículo chocou-se abruptamente contra o carro de Rodolfo.

Rodolfo levou a mão ao rosto, sentiu o sangue escorrer pela testa. Ele tentou destravar o cinto de segurança. Não conseguiu. Foi quando um jovem se aproximou da janela do carro e se desculpava pelo acidente.

— Você não viu as pessoas atravessando, rapaz? – gritou Rodolfo.

— Desculpa, senhor, eu me distraí.

— Por favor, não toque nele – disse um dos enfermeiros, que chegava com a maca para os primeiros socorros.

— Tem algo de valor no carro? – perguntou o jovem.

— Pega minha pasta no porta malas – Rodolfo pediu.

Depois de entregar a pasta a Rodolfo, o jovem e outros curiosos empurraram os carros, tirando-os da rua para liberar o trânsito.

Na cabeça de Rodolfo, além do corte explícito na fronte, doía a angústia de acrescentar mais um gasto na planilha. Essa coisa não tinha mais fim. Pior, o carro já não poderia mais ser vendido ou trocado, como eram os planos.

Tornando a situação mais complicada, o jovem motorista comunicou a Rodolfo que não possuía seguro, nem dinheiro, mas que se colocava à disposição para fazer o boletim de ocorrência, desde que Rodolfo assumisse a culpa.

Melhor ouvir do que ser surdo. Francamente.

— A troco de que eu faria isso? – perguntou Rodolfo alterando a voz.

— Simples. Seu seguro paga os dois carros – respondeu, como se fosse uma prática natural.

— Você sabia que isso é fraude?

— Saber eu sei, mas todo mundo faz.

— Eu não me incluo nesse grupo. Vamos fazer o B.O. e você declara a verdade.

As pessoas e suas manias de levarem vantagem... Nunca passou pela cabeça de Rodolfo cometer fraude. Absurdo!

Agora, Rodolfo buscava a tal da intenção positiva do acidente. Precisava de algo assim para ser atendido naquele pronto-socorro? Talvez seu corpo estivesse exigindo mais paciência, atenção. Naquela hora, as palavras de Francisca ecoaram: "se continuar distraído assim vai acabar no hospital igualzinho ao seu pai". Parecia bruxa...

Após ser medicado, o doutor avisou que ele ficaria em observação por mais duas horas, então, Rodolfo achou por bem telefonar para o amigo Daniel. Ele não queria assustar a família que já andava preocupada com o pai desmemoriado no hospital.

Uma hora depois, o amigo já havia acionado o seguro para guinchar o carro e esperava a alta de Rodolfo para deixá-lo em casa.

— Vamos, Daniel – disse Rodolfo. – Quero chegar logo em casa e tomar coragem para fazer umas coisas.

— Tá animado, hein, amigão. Tem certeza de que não quer ir lá pra casa?

— Sério, Daniel, eu estou bem, fica tranquilo. Ah! Obrigado por me socorrer.

Pouco depois de meia hora, Daniel deixava o amigo no *flat*, de pé enfaixado e curativo na testa. Ainda assim, Rodolfo estava disposto a cuidar da planilha de orçamento. O plano de metas da empresa ficaria para o dia seguinte.

Arrastou-se até a cômoda, abriu a primeira gaveta, tirou todos os boletos já pagos e a pagar, contas de luz, de telefones, carnês, comprovantes de depósito da escola dos filhos, despesas do carro, fatura dos cartões. Despejou tudo em cima da mesa. A tarefa seria organizar mês a mês. Na folha da Francisca estava escrito: "avalie os últimos três meses, compare a evolução dos gastos, depois identifique quais despesas podem ser enxugadas".

— Quanta coisa!

Diante de si, o amontoado de papel significava trabalho pesado para quem nunca cuidara do orçamento. Naquela hora, naquele estado, Rodolfo ficou dividido entre continuar a tarefa ou descansar. Concluiu que teria muito a fazer e a disposição estava mais para descansar. Essas coisas poderiam esperar por mais um dia.

Capítulo 31

No dia seguinte, ainda na cama, Rodolfo telefonou para a empresa. Em vez de Silvinha atender, ouviu a voz de Maria Francisca.

– FIBRAX, Maria Francisca. Bom dia!
– Maria Francisca... Onde está a Silvinha?
– Bom dia, seu Rodolfo! Ela foi ali. Já volta.
– Ali onde?
– Ah, o senhor não quer que eu diga que ela foi ao banheiro fazer xixi, né?
– Deixa pra lá! Avise-a que hoje não vou ao escritório. Ficarei em casa. Qualquer coisa, peça que ligue para cá.
– Seu Rodolfo, tá tudo bem ?
– É... Agora tá. Ontem bateram no meu carro, mas estou bem.
– Misericórdia, precisa de alguma coisa? Fala, seu Rodolfo, vou até sua casa.
– Está tudo bem mesmo. Fica tranquila.
– Seu Rodolfo, eu fico aflita com acidente de carro, sabe por quê? O amigo do meu marido falou que estava tudo bem depois de um acidente bobo como o do senhor. Dois dias depois... oh! Morreu.
– Para com isso!

Rodolfo desligou o telefone, ficou paralisado por instantes. Só depois de falar com a Francisca ele se deu conta do perigo pelo qual passara. Poderia ter sido pior se o choque fosse do lado esquerdo do carro. Mas por que pensar nisso agora? Santa idiotice. Lembrou, outra vez, das frases sábias de Sofia: "somos o que pensamos". Devia pensar na solução de seus inúmeros problemas: quitar a dívida antiga, desocupar o flat, preparar o plano de metas... consertar o carro danificado, outra despesa inesperada. Queria encontrar coragem para encarar o orçamento, contabilizar a montanha de papéis sobre a mesa. *Oh, God!* Essa má fase já ultrapassava todos os limites da paciência. A essa altura, o que mais poderia lhe acontecer?

Capítulo 32

Absorto em pensamentos, ele queria descobrir uma maneira prática de organizar o orçamento e buscar estratégia para as metas. Ouviu o toque do telefone, seus batimentos cardíacos aceleraram. Saltou da cama sem se preocupar com o pé imobilizado. Pegou o aparelho, leu o nome da Luana, sentou-se e atendeu.

– Luana!

– Pai – sussurrou Thiago, o filho mais velho. – A mamãe não... deixa a gente... com o senhor. Ela... meu celular.

– Filho, fala mais alto, não consigo entender direito. O que está acontecendo?

– Dá um tempo... fechar a porta.

Rodolfo ficou atento aos ruídos do outro lado. Thiago voltou a falar.

– Pai, a mamãe está tomando banho, eu peguei o celular dela.

– O que está acontecendo filho? Estou preocupado.

– Tudo bem, pai. Só estou com saudades – disse. – Eu vi o senhor ontem na frente da escola, mas a mamãe não deixou a gente ir até lá.

– Vocês estão em casa?

– Não, na casa da vó. Vou desligar, pai. Te amo.

Insanidade da Luana!

Rodolfo socou o travesseiro.

Ela precisava de tratamento urgente, antes de cometer outras loucuras. Ele se via atado, sem carro, pé imobilizado, tantas coisas a fazer, mas o caso pedia urgência. Custasse o que custasse, ele falaria com aquela ingrata. Mas nada poderia fazer enquanto ela estivesse no banho.

Rodolfo arrastou-se escadas abaixo na esperança de encontrar comida no refrigerador. Abriu a porta, viu uma garrafa de água pela metade, maçãs murchas e meio pacote de pão vencido há um mês. Jogou tudo no lixo. Pegou a garrafa de água, encheu o copo e bebeu. Mais tarde iria à padaria tomar café.

Nesta manhã, ele só queria cuidar de seu diagnóstico, mas agora se via com mais um problema urgente.

O telefone tocou de novo. O número da casa da sogra.

— Pai, o senhor vem buscar a gente hoje? — Dessa vez era Raphael quem o chamava.

— Filho...

— Não quero ficar aqui na vó – continuou sem dar chances ao pai. — Ah, pai vem! Vou desligar, ela tá vindo.

Inacreditável, inacreditável! A Luana pirou de vez. Apertou a mão no estômago, além da raiva, a fome tirava sua concentração. Talvez devesse pedir lanche *delivery*.

Oh, God! Quando ele iria acordar e sair desse pesadelo? Rodolfo queria estar mais próximo dos filhos, mas temia causar traumas aos meninos se enfrentasse a Luana usando as mesmas armas que ela. A ingrata jogava pesado. Qual seria a melhor estratégia para resolver sem ser na justiça?

Sua adrenalina produzia energia em excesso movendo-o a falar com a "ex" de imediato. Pegou o *iPhone* selecionou o número dela e chamou. Ela atendeu depois do décimo toque irritante.

— Luana, precisamos conversar.

— Esqueça – respondeu seca.

— Olha, Luana, eu sou capaz de mover o mundo para ver os meus filhos. Você é quem sabe se vai pagar pra ver.

— Você nunca vai ter a guarda deles, Rodolfo. Nunca!

— Eu só quero ver meus filhos...

Ela desligou.

Infeliz!

O celular ainda estava preso em sua mão quando tocou de novo. Ele deslizou o dedo, levou o aparelho à orelha.

— Olha, Rodolfo – Luana disse –, eles vão jantar com você, mas não ficarão o fim de semana. Pegue-os às sete da noite. Às dez, em ponto, quero vê-los aqui.

Isso já era uma grande decisão. Rodolfo apenas concordou.

Capítulo 33

Passava da hora de cuidar do diagnóstico. A mesa bagunçada, cheia de papéis, deixava Rodolfo ainda mais angustiado. Ele detestava isso. Só que bastou pôr as mãos nos papéis, ouviu o telefone tocar de novo.

– Oh droga, é hoje!

Rodolfo só queria dar atenção a coisas mais importantes, mas a cada minuto, uma novidade. Ele esticou o braço e pegou o *iPhone* na ponta da mesa. Sofia o chamava. Rodolfo atendeu.

– Então, você não retorna hoje? – repetiu.

– Infelizmente, nem hoje, nem amanhã, querido. O trabalho se estendeu além da conta. É muito cansativo sair daqui amanhã no fim do dia e voltar no domingo à noite. Você me entende?

Rodolfo balançou a cabeça. Nenhuma palavra.

Ao ouvir isso o aperto no peito aumentou, ele contava com a companhia dela no fim de semana. Naquele instante, ficou dividido entre comentar ou não sobre o acidente, mas preferiu não preocupá-la.

– Está me ouvindo, querido? – Sofia insistiu.

– Tudo bem, querida. Tudo mesmo. A gente se fala mais tarde.

Após alguns segundos, Rodolfo redirecionou o foco para o diagnóstico. Primeiro, separou as contas dos últimos três meses. Amontoou-as num canto da mesa. Depois, guardou as outras de volta na gaveta. Manter a casa organizada para ele era quase uma obsessão.

Poderia ser organizado assim com as finanças também.

Isso pouco importava. O que passou, passou.

Mãos na massa. Organizar as contas se tornara outra obsessão de Rodolfo. Ele formou montinhos mês a mês, em seguida, ordenou-os por data de vencimento. O primeiro passo foi dado, agora faltava lançar na planilha. Agora? Não. Ele precisava comer antes de qualquer outra atividade.

Droga! Estava se esquecendo da doutora Raissa. Ela pediu-lhe para ir ao escritório nesta tarde.

Pegou o *iPhone*, selecionou o número do celular da doutora, apertou o indicador em enviar.

– Droga, de novo! – por hábito socou a mesa e sacudiu a mão em seguida
– Esses malditos telefones sempre caem na caixa postal.

Desistiu, por instantes, de falar com a doutora e ligou na padaria próxima à sua residência. Mas tudo o que Rodolfo mais repudiava aconteceu. Ouviu: "esse número de telefone não existe." Ele afastou o aparelho da orelha, confirmou o número e apertou o indicador outra vez. No quarto toque, atenderam.

– Quero fazer um pedido – ele disse.

– Pode falar – respondeu a atendente.

– Um suco de laranja, sanduiche de queijo com presunto e um café.

– Café grande ou pequeno?

– Grande, grande.

– Algo mais?

– Em quanto tempo fazem a entrega?

– Entre vinte e trinta minutos. O valor total é R$16,00. O senhor vai precisar de troco?

– Troco para R$20,00.

Enquanto esperava pela entrega do lanche, ligou de novo para a doutora. Desta vez ela o atendeu.

– Doutora Raissa? Aqui é Rodolfo.

– Sim, Rodolfo.

– Estou com problemas. Não posso ir ao seu escritório hoje, conforme combinamos.

A doutora nada respondeu.

– Você está me ouvindo? – Rodolfo insistiu.

– Desculpe-me! Estava olhando a agenda. Espera... onde você está, Rodolfo?

– Em casa.

– Vou pedir ao boy para levar os documentos em seu endereço. Você assina e ele traz de volta ainda hoje.

– Está bem.

Rodolfo desligou o *iPhone*, pousando-o sobre a mesa. Conectou o *notebook* e abriu a planilha Excel. Depois, procurou nos arquivos algum modelo de orçamento. Abriu e fechou várias pastas, nada encontrou.

"No *Google* deve ter."

Escreveu "planilha de orçamento familiar" e deu enter. Uma lista de opções apareceu. Naquele instante ouviu o som do interfone. Largou a pesquisa e arrastou-se até a cozinha. O porteiro avisava da entrega.

– Pede ao entregador para subir.

– Rodolfo, você sabe que é contra as normas do condomínio deixar entregador entrar no prédio. Melhor você descer.

– Severino, estou com o pé enfaixado, deixa o rapaz ou a moça subir.

– Não posso.

– Liga para o zelador. Pede autorização a ele.

– Ele saiu, agorinha. Vai demorar pra voltar.

Droga!

– Você conhece o pessoal da padaria, Severino, qual é a tua? Mande subir e eu converso com o zelador quando ele retornar.

– Oh, Rodolfo, vou quebrar a sua, mas é só desta vez.

Rodolfo balançou a cabeça para os lados. Pendurou de volta o fone. Conjecturou falar umas poucas e boas ao porteiro, mas decidiu calar-se.

A campainha tocou.

– Enfim, o lanche – disse para si mesmo em voz alta.

Enquanto Rodolfo recebia o lanche, o interfone tocou de novo.

O que o Severino queria desta vez?

– Ah, o *boy* – Rodolfo repetiu. – Deixe-o subir, Severino.

– Você ainda vai arranjar encrenca pra mim, Rodolfo!

– Eu assumo o risco, Severino. Vai, libera o *boy* logo.

Minutos depois, tudo resolvido.

Agora, sim. Rodolfo estava pronto para retomar a busca de um modelo de planilha adequado para o orçamento familiar. Clicou no primeiro *link*. Era oferta de curso de educação financeira.

Só queria uma planilha!

Abriu o segundo, o terceiro, no quarto *link* encontrou o que buscava.

Perfeita!

Parecia os rabiscos do Daniel. Na parte de cima, registaria as entradas: Salário, prêmios, férias, décimo terceiro e outros. No meio, as saídas: todo o amontoado de boletos, faturas, carnês que estavam separados mês a mês sobre a mesa. A planilha já tinha colunas de janeiro a dezembro. Bastava digitar.

Além de registrar as contas, fez várias simulações de redução de despesas. Inseriu mais colunas para organizar as contas em: orçado e realizado. Dessa forma, teria mais controle das finanças. Salvou tudo em pasta específica: "Orçamento pessoal".

Passava das quatro da tarde, quando Rodolfo terminou de organizar a planilha.

Hora de se preparar para buscar os meninos. Luana, quando determinava o horário, era irredutível. Sete horas eram sete horas em ponto. Nenhum minuto a mais. Rodolfo pegou a papelada e guardou de volta na gaveta da cômoda. Sentia-se orgulhoso por ter feito a tarefa. Não menos preocupado, já que o diagnóstico escancarava a real situação financeira.

Voltou ao computador. Por minutos avaliou aquilo. Droga! Ele apertou a barriga. Para variar, aquela fisgada se manifestava.

Como pôde chegar a esse ponto!

Rodolfo lembrou-se que teria de chamar um táxi, mas resolveu tomar banho antes. Afinal, dos três pontos de táxi próximos à sua casa, conseguiria um, facilmente, às cinco e quarenta e cinco.

Pouco depois de cinco e trinta, Rodolfo telefonou para o primeiro ponto de táxi. Chamou até cair a ligação. Tentou o segundo, o terceiro... Nada. Voltou a ligar ao primeiro. Insistiu por dez minutos na busca de um táxi, sem sucesso.

Descarregou a neura socando a mesa, como sempre. Depois sacudiu a mão.

Quase seis da tarde em seu relógio. Ai dele se atrasasse! Luana seria capaz de proibir os meninos de saírem. Bem ao feitio dela!

— A Luana podia trazer os meninos! — resmungou e puxou o *iPhone*. Foi direto ao nome dela e apertou com o indicador. Chamou, chamou, no sexto toque ela atendeu.

— Os meninos estão esperando, já está a caminho ou desistiu? — ela falava alto, Rodolfo afastou o aparelho da orelha.

— Não desisti, nem estou a caminho. Ainda — ele se esforçou para não perder a paciência. Procurou falar pausado, em tom baixo.

— Mas já são quase sete!

— Sei, Luana. Acontece que estou sem carro e está difícil conseguir um táxi por aqui. Você poderia trazê-los em casa? Enquanto isso, eu busco outra central de táxi.

— Levá-los aí?

— Isso. Trazê-los aqui.

Rodolfo ouviu os passos pesados dela. Podia imaginar Luana indo de um lado para o outro, articulando o próximo golpe. Alguns segundos depois, ela disse:

— Em quarenta minutos estarei aí. Mas é por eles, não por você!

Luana não era de todo má, Rodolfo admitia. Mãe zelosa, cuidava muito bem dos filhos. Às vezes exagerava. Mas era difícil entender essa raiva despejada em cima dele. Seis anos se passaram desde a separação e ele tinha a sensação de que o ódio dela só aumentava dia após dia.

Amor e ódio andam mesmo de mão dadas, só podia ser isso.

O *iPhone* vibrou. Rodolfo bateu os olhos na chamada e leu o nome de Daniel. Deslizou o dedo e levou o aparelho à orelha.

— Alô.

— Tudo bem por aí, Rod? – perguntou o amigo.

— Na medida do possível, sim. Está tudo bem.

— Está precisando de alguma coisa?

— A Luana está trazendo os meninos para jantarem comigo.

— A Luana? Você está de brincadeira comigo, Rod.

— É sério. Combinei de jantar com Rapha e Thiago. Liguei para todos os pontos de táxi daqui de perto, nenhum pôde me atender.

— Tá! Eles ficarão com você o fim de semana?

— Não! Ela os quer de volta às dez horas. Você poderia levá-los?

— Hum... Estou substituindo outro professor até as 9h30. E Ariadne terá aula até as dez horas. Não fosse isso eu poderia dar carona a eles.

— Tá – Rodolfo respondeu desolado.

— Tenho de entrar em sala, Rod. Faça o seguinte, liga pra Luana e diga que eu levarei os meninos às 10h30.

Era o fim do mundo ele ter de negociar com Luana, trinta minutos a mais para ter a companhia dos filhos, quando eles deveriam ficar o fim de semana com Rodolfo. Poderia enfrentá-la e exigir os seus direitos. Mas, pensando nas palavras da doutora Raissa, ele teria de evitar qualquer tipo de confronto. Luana já deveria estar chegando com os meninos. Falaria diretamente. E se ela não subisse?

Não demorou, tocou a campainha.

Rodolfo arrastou-se até a porta. Aproximou-se do olho mágico e gostou de ver o sorriso dos filhos.

Luana não subiu.

Ele abriu a porta. Thiago e Raphael o abraçaram forte. Nem perceberam que o pai estava com o pé enfaixado, foram logo puxando-o para mostra-lhe qualquer coisa que trouxeram.

— Esperem! reagiu Rodolfo.

— Ih, pai, foi mal. Nem reparei no seu pé machucado. Pode apoiar aqui no meu ombro – disse Thiago. — Eu ajudo o senhor.

Rodolfo aceitou a ajuda do filho mais velho. Sentia-se orgulhoso de sua prole.

— Pai, posso colocar esse vídeo? – perguntou Rapha.

— Pode, filho.

— Sua mãe não contou que bateram em meu carro?

— Não – responderam os dois meninos.

— Vamos pedir pizza ou sanduíche? – Rodolfo os consultou.

— Pizza – disse Raphael.

— Só se for de quatro queijos – completou Thiago.

Rodolfo pegou o *iPhone*, selecionou o número da pizzaria e fez a encomenda.

— Entregam entre uma e duas horas? – Rodolfo questionava.

— Isso. Vamos confirmar?

— Se não tem outro jeito. Ok!

Rodolfo, ainda com o telefone na mão, paralisou o olhar nos meninos. Pôde perceber o quanto os filhos cresceram. Como seria o futuro deles? Saberiam lidar com dinheiro melhor que o pai? Rodolfo esperava que sim.

Capítulo 34

A melhor segunda-feira de todos os tempos.

O repouso de quatro dias fora produtivo. Rodolfo eliminou vários itens de sua lista de tolerância, nome atribuído por ele àquelas coisas que não podem ser delegadas e precisam ser feitas. Ele organizou os documentos, lançou as contas dos últimos três meses no fluxo de caixa e definiu meta de redução de despesas. Finalizou o primeiro passo do controle orçamentário. Começou a escrever o plano de metas. Além disso, jantou com os filhos. E, o melhor, já podia calçar os sapatos.

Só faltava uma coisa, conseguir o empréstimo e quitar a velha dívida.

— Hora de ir ao banco — murmurou.

Primeiro passaria na locadora de veículo conveniada à seguradora. Ele tinha direito a carro reserva.

Já na locadora, assinou o contrato. Pegou as chaves, documentos do veículo e dirigiu-se para o banco.

As portas eletrônicas o entediavam, mesmo entendendo que era um mal necessário. Quando chegou no *hall* de atendimento, para evitar problemas, ele tirou do bolso as chaves e o celular, depositou-os no lugar apropriado para pegar do outro lado. Tentou cruzar, a porta travou. Retornou, enfiou as mãos nos bolsos, encontrou uma moeda. Depositou-a no mesmo lugar. Foi cruzar de novo, mais uma vez a porta travou.

— Essa não, o que há agora? — esbravejou.

— Talvez o senhor tenha moedas no bolso — disse o segurança.

Tirou os bolsos da calça para fora, mais uma moeda caiu. Ele agachou, pegou e largou-a naquele mesmo lugar.

— Desta vez, vão me deixar entrar? — perguntou irônico.

— Por favor, senhor, aguarde na linha amarela — pediu o segurança, enquanto outra pessoa saía de dentro do banco.

Liberada a porta, Rodolfo, enfim, postou-se diante do gerente.

— Já me decidi sobre o empréstimo, podemos resolver isso agora?

— Com certeza, Rodolfo! Deixe-me pegar a sua pasta.

O gerente abriu o armário, dedilhou uma pilha de pastas. Coçou a cabeça, esticou o pescoço para enxergar em cima do armário. Depois voltou à mesa, sem a pasta de documentos.

Continuou procurando nas gavetas.

— Ah, aqui está. Vamos ver. Consignado... De quanto vai precisar, Rodolfo?

— Por enquanto, vou querer o suficiente para quitar as dívidas mais urgentes e cobrir o cheque especial. Vinte mil reais em doze parcelas.

— Por que não aproveita e elimina as faturas dos cartões? Seu limite é de quarenta mil reais e já lhe expliquei, pode pagar em até sessenta vezes.

Ele recordou das palavras de Júlio: "não vá crescer os olhos".

— Por enquanto, vinte mil reais, depois eu vejo o resto.

— Está bem, você manda. Mas vou adiantando, você está pagando juros altos demais em seus cartões — disse e começou a preencher a proposta.

Rodolfo prendeu entre os dedos a caneta que estava sobre a mesa, apertando-a sem parar. O gerente olhou para ele. Rodolfo jogou a caneta de volta na mesa e começou a balançar a perna.

— Esse dinheiro vai entrar em minha conta amanhã? — perguntou Rodolfo.

— Deixe-me ver — o gerente olhou o relógio. — Se eu conseguir todas as assinaturas em trinta minutos, sim. Se não, só depois de amanhã.

Rodolfo encostou a mão na barriga, aquela maldita fisgada de novo. Minutos depois, o gerente colocou diante dele o contrato. Rodolfo passou os olhos pelas folhas e assinou nas linhas marcadas com X.

O gerente olhou outra vez para o relógio.

— Rodolfo, farei o possível para liberar amanhã, mas depois de amanhã é mais seguro.

Rodolfo respirou aliviado, em dois ou três dias se livraria daquela maldita dívida, fruto da incompetência dos outros. A culpa foi da empresa, ele fez a coisa certa na ocasião. Culpa. Oh, droga! E daí? Que diferença faria ser culpado ou inocente. O que passou, passou.

Ou não?

Capítulo 35

Passava das oito da noite quando, finalmente, Rodolfo chegou ao aeroporto para buscar Sofia.

Ele estava esgotado por perder tanto tempo no trânsito. Precisava sentir o calor do corpo da amada. Queria ouvir sua voz suave, a risada gostosa.

Sofia surgiu arrastando a mala, os cabelos desalinhados a deixava ainda mais charmosa. Rodolfo aproximou-se. Ela exalava um cheirinho inconfundível de florais de água doce, lírio e um toque de cravo.

— Lamento o atraso, querido – disse Sofia.

— Acabei de chegar também. Peguei o maior trânsito. Como você sempre diz, a intenção positiva foi chegarmos juntos.

Ela soltou a mala e o abraçou. Depois pressionou o corpo contra o de Rodolfo, por apenas alguns segundos ela conseguiu deixá-lo excitado.

— Uau! Essa noite promete – ele sussurrou no ouvido de Sofia.

— Promete! – ela concordou.

Rodolfo curvou-se para alcançar a alça da mala, Sofia pôde ver o machucado na testa dele.

— O que foi isso? – ela perguntou.

— Bati.

Ele arrastava a mala, enquanto acariciava os cabelos dela. Seguiram agarrados até o estacionamento.

— Onde largou o carro, amor?

— Aqui. Esse carro é do seguro. Bateram no meu, quinta-feira.

— O que mais você escondeu de mim?

— Querida, já passou. Se eu falasse, você ficaria preocupada.

— Claro, eu ficaria preocupada. Agora eu me senti como se não fizesse parte de sua vida. Sério.

— Sem exageros. Eu amo você — Rodolfo a abraçou forte.

— Tá bom. Se você está bem, isso é o mais importante.

Já no apartamento de Sofia. Ela deslizou a mão no corpo de Rodolfo, agarrou a gravata dele e o levou para o quarto.

— Que tal um filme? — ela perguntou. — Ou você sugere...

— Hum... — ele riu e completou: — Você está com más intenções.

Ela sorriu e se jogou na cama.

Rodolfo despertou na manhã seguinte com o cheiro de café. Desta vez, parecia sonho. Rolou para o outro lado. Não queria acordar. Mas ainda era terça-feira, muitas coisas a fazer. Saltou da cama, pé ante pé direto para a cozinha.

Sofia, de costas, tirava duas xícaras de café da máquina. Ela estava linda com aquela camisola sensual e calcinha minúscula.

Ele chegou de mansinho, ergueu os cabelos dela e beijou o pescoço.

Ela roçou o corpo em Rodolfo, girou, colou os lábios na orelha dele e disse:

— Gosto tanto do seu corpo, do seu cheiro.

Ele desceu os braços, segurou as mãos dela.

— Tão misteriosa!

— Acha mesmo? Hum... Espera pra ver.

— É? Estou esperando.

— Hum, hum... Agora não, já estamos atrasados — ela disse e foi saindo.

Atiçou e saiu fora.

Tudo estava perfeito demais, desde ontem as coisas tomavam outro rumo. Ele sentia-se feliz por responder às provocações da amada. Qual era o problema de se atrasarem meia hora? Sofia, às vezes, se mostrava tão pragmática! Ele girou o pulso, o tempo corria, precisava se apressar ou chegaria muito atrasado.

Capítulo 36

Rodolfo chegou ao escritório, o telefone tocava. Jogou as coisas sobre a mesa e atendeu. O diretor o convocou para substituí-lo em uma reunião no Rio de Janeiro. Parecia proposital, bem no dia da festa de premiação de Sofia. Ela fora enfática, jurou que seria o fim do namoro se ele deixasse de acompanhá-la.

Em seguida, o *iPhone* tocou. Era Sofia lembrando-o do compromisso.

— Como poderia me esquecer, minha vida? Às oito e meia da noite estarei com você.

— Ah, tenho de ir antes. Você me encontra na cerimônia?

Finalizaram a chamada sem que Rodolfo falasse a respeito da viagem de última hora. A princípio, ele não deu importância, acreditando que a viagem não interferiria em seus planos. Voltaria do Rio a tempo de acompanhá-la, com certeza.

A recepcionista avisou Rodolfo que o táxi o aguardava. Faltavam ainda duas horas para o embarque. Poderia revisar a pauta da reunião no aeroporto. Ele pegou a pasta e quando saía da sala, deu de cara com a copeira, só para não fugir da rotina.

— Pra variar, o senhor tá afobado, né, seu Rodolfo?

Ela parou e pousou a mãozinha no queixo, esperando qualquer resposta dele.

— Estou. Por quê?

— É... lembrei de mais uma coisa.

Ele não deu importância e disse:

— Até amanhã, Francisca.

Num tom mais alto, a copeira replicou enquanto ele se afastava:

— Vê se relaxa e goza, seu Rodolfo!

Ele não olhou para trás. Seguiu seu destino.

Apesar de adiantado para o voo, não podia confiar no trânsito.

Dito e feito, foi o último passageiro a embarcar. Localizou o assento que estava parcialmente ocupado por uma mulher de olhos cerrados. Ele apoiou a pasta no pedaço da poltrona, abriu-a, pegou a cópia da apresentação para ler, tirou o paletó e o colocou no bagageiro junto com a pasta. Olhou para os lados, ao fundo, voo lotado. Deveria chamar um dos comissários para resolver a questão do assento ou pedir licença a ela? Enquanto decidia, a mulher ajeitou-se, baixou o braço que dividia as poltronas, então ele pôde se sentar.

Há poucos minutos do horário de chegada ao Rio, o comandante alertou sobre uma tempestade forte na região. Avisos para manterem os cintos afivelados se acenderam. De imediato, o avião entrou em turbulência. Mau agouro! Desde criança, suas experiências em voos foram desastrosas, sempre atraía pessoas que passavam mal e vomitavam perto dele.

Passados sabe-se lá quanto tempo, o comandante voltou a informar:

— Senhores passageiros, estamos aguardando autorização de pouso.

Enquanto isso, mantinha-se ocupado relendo a pauta. De repente, viu a mulher pegar o saco de vômito e levá-lo à boca.

Maldita lei da atração!

Desafivelou o cinto e se levantou. Ouviu ordens para retornar ao assento e afivelar o cinto. Chamou o comissário. Antes de ele se aproximar, outra golfada. Desta vez, atingiu Rodolfo.

— Puta merda! — esbravejou e por instinto esfregou o papel da reunião na roupa.

Rodolfo via aquela porcaria já impregnada na manga da camisa quase seca por causa do ar condicionado. Ele odiava vômito. Desde criança, quase todas as vezes que a mãe pedia para ele segurar Mariana, irmã mais nova, ela vomitava nele. Droga! Teria de se virar no próprio aeroporto, comprar uma calça e camisa, pagando o preço da emergência. Ou limparia na pia do banheiro, vestiria por cima o paletó. O risco seria continuar fedido. Dia de cão, começando pela surpresa da viagem, depois essa dona...

Rodolfo desceu apressado da aeronave, ele queria achar uma loja e se livrar daquele odor azedo. Entrou na primeira que avistou, escolheu calça e camisa combinando com o paletó. Se quer perguntou o preço. Entregou o cartão ao atendente, dirigiu-se ao provador para trocar de roupas ali mesmo.

Já de roupas limpas, dobrou as peças sujas, colocou-as na sacola da loja.

— Tudo certo? – perguntou.

— Está acusando cartão inválido, senhor Rodolfo – disse o vendedor enquanto enfiava o cartão em outra máquina.

O vendedor balançou a cabeça ao ler o visor.

— Algum problema?

— Seu cartão está sem limites para o valor da compra. Tem outro?

Entregou ao vendedor o outro cartão. Após a segunda tentativa, o rapaz disse:

— Cartão bloqueado – ele esticou o braço para devolver o cartão ao Rodolfo.

— Vou pagar com cheque.

— Desculpe-me, não aceitamos cheques nessa loja.

— Mas...

— Sinto muito.

Disse e pediu a ele para devolver a roupa. Rodolfo ficou sem ação. Não compreendia aquela atitude. Insistiu.

— Espere um pouco, vou telefonar ao meu gerente.

O jeito como o vendedor o encarava deixou-o desconfiado. Quando olhou para trás, viu dois truculentos seguranças postados nas suas costas. Aquilo o golpeou. Teve a impressão de que se não voltasse ao provador e devolvesse aquilo, eles o despiriam ali mesmo, pegariam-no pelos braços e com um chute no traseiro o arremessariam nu para o meio da rua. Evitaria o escândalo. Os seguranças o seguiram até o provador.

De novo fedorento, seu tempo no limite; a reunião começaria em quarenta e cinco minutos. A essa altura, seu odor atrairia abutres. A única alternativa era lavar aquela porcaria na pia do banheiro. Ele ficaria molhado mas se livraria do cheiro. Entrou no sanitário, apoiou sua pasta na parede, pendurou o paletó, tirou a camisa, esfregou a manga debaixo da torneira, torceu e vestiu de novo. Depois molhou o rosto, os cabelos, enfim, parecia ter se livrado daquilo. Sentia-se mais aliviado.

Chamou o táxi, abriu a porta para sentar-se no banco da frente, o motorista logo pediu-lhe para ocupar o de trás. Devia ser exigência da legislação regional.

No trajeto, resolveu telefonar ao banco. Na ânsia de solução imediata, procurou o gerente da conta. Para surpresa e apreensão, o quadro piorava.

— Rodolfo, lamento, os limites de seus cartões estouraram.

— Estouraram?

— Infelizmente.

Lembrava, como se fosse agora, do gerente sugerir a ele tomar um empréstimo maior para cobrir os cartões.

— Quebra essa, amigo, é só até amanhã – insistiu Rodolfo .

— Sinto muito, Rodolfo, está fora de minha alçada. Aliás, aconselho você a cobrir de imediato, os juros estão altos. Você ainda tem limite para tomar empréstimo consignado.

— Tá, amanhã eu resolvo.

Depois disso, chegou ao cliente desolado, apresentou-se na recepção. A recepcionista aproximou-se para atendê-lo, levou a mão ao nariz e ali a manteve enquanto tomava nota de seus dados cadastrais. Ela devia estar resfriada.

— Senhor Rodolfo, nosso diretor se desculpa pelo atraso, a reunião terá início em meia hora. Fique à vontade, se quiser usar os sanitários, siga pelo corredor à direita.

— Obrigado!

Por um instante, ficou ainda mais desconcertado. Passou as vistas pelo corpo, tudo parecia normal. Levou o braço ao nariz, nada sentia. Só o desalinho o incomodava. Sentou-se, tentando relaxar enquanto esperava.

Após tantos contratempos, ele descobria que levar uma golfada de vômito não era o fim do mundo, nem sentia mais o fedor. Pior foi confrontar-se com a falta de limite no cartão. Isso significava muitas dívidas a serem quitadas. Maldita mania de passar o cartão sem perguntar o quanto custava. Tudo isso era um alerta de seu consumo desenfreado. Rodolfo vivia endividado e isso já não lhe convinha.

O pai costumava dizer que "era preciso a casa cair para aprender a reconstruir com sabedoria". Sem dúvida, chegava a hora de reconstruir a casa, começaria pela revisão dos hábitos de consumo.

Naquele instante, a recepcionista apareceu.

— Vou acompanhá-lo até a sala de reuniões, Sr. Rodolfo – informou ela.

De novo, a recepcionista levou a mão ao nariz, devia estar com problemas.

Passava das seis da tarde quando, enfim, terminou a reunião. Rodolfo se remoía, girando o pulso a cada minuto para ver as horas. Aquele atraso poderia comprometer a chegada dele a São Paulo. Os voos estariam no horário?

Nem queria pensar na possibilidade de perder o voo. Sofia não o perdoaria se ele deixasse de acompanhá-la no evento da empresa. Droga de dia!

Entrou no táxi, seguiram para o aeroporto. No trajeto, achou por bem avisá-la. Sacou do bolso o *iPhone*, bateria zerada. Quando nada mais poderia acontecer, aconteceu! O táxi parou de repente.

— O que houve, senhor?

— O pneu – respondeu e saltou do carro. Rodolfo também desceu.

— Pode chamar outro táxi, senhor? Falta menos de uma hora para o meu voo.

— Ih, rapaz, aqui é difícil.

— Difícil?

O motorista tirou rapidamente o macaco e o estepe do porta-malas, nem se preocupou em responder. Foi logo soltando os parafusos. Então, Rodolfo continuou a conversa.

— Precisa de ajuda?

— Não.

Rodolfo ficou receoso, num lugar desconhecido, sem telefone, taxista mal-humorado...

— Onde nós estamos, senhor?

— Linha vermelha.

Um arrepio percorreu-lhe o corpo. O homem tinha razão, a via expressa atravessava diversas áreas carentes e era muito conhecida pelos frequentes atos de violência que ocorriam em seu entorno. Margeada por favelas repletas de atividade criminais ligadas ao tráfico de drogas, nenhum outro taxista pegaria um cliente ali. Ficou alerta.

— Falta muito?

— Quase pronto. Já, já sairemos daqui.

Apertou os parafusos, pegou o pneu e o macaco, jogou-os de qualquer modo no porta-malas. Entraram rápido no carro.

Quando chegou ao aeroporto, seu voo acabara de decolar. Era o fim de seus planos. Começaria a outra saga de remarcar o bilhete para embarcar no próximo. Antes disso, precisava avisar Sofia. Se ao menos tivesse trazido o carregador. Teria de encontrar um telefone público. Torceu o pescoço para os lados, avistou um logo adiante.

Digitou o número dela, a cobrar. Tocou uma, duas, três vezes, ela atendeu e desligou antes de ouvir quem era. Insistiu. Tocou até cair a ligação.

Prevendo que ela não o atenderia, foi comprar um cartão. Quando voltou, todos os telefones estavam ocupados.

Andou pesadamente pelo saguão, indo de um lado para o outro entre pessoas que arrastavam bagagens. A ansiedade o sufocava. Olhou em torno, nenhum outro telefone. Melhor esperar desocupar ou fazer o *check-in* primeiro? Resolveu cuidar do embarque.

No balcão, ouviu do operador a péssima notícia de que todos os voos estavam lotados. Aquilo, para Rodolfo, era outro balde de água fria. Restava-lhe a fila de espera.

— Estou ferrado — despejou.

— Como, senhor? — perguntou o "operador".

— É... tinha expectativa de chegar a São Paulo antes das nove horas.

— Muitos voos foram cancelados por causa da tempestade desta manhã. Já o coloquei em espera.

— Ok.

Não havia como fugir, teria de enfrentar a ira de Sofia.

Os telefones ocupados de novo. Ficou plantado ali, esperando que as pessoas concluíssem os papos-furados. Teve a impressão de que jamais chegaria a São Paulo. Dia de cão!

Passados minutos, alguém desocupou o telefone. Bastava completar a ligação.

Oh, droga! Caixa postal.

Socou o fone na base, as coisas quando começavam erradas, seguiriam erradas até o fim.

A culpa o espetava cruelmente. Por que teimava em fazer as coisas achando que o mundo girava a seu favor? Oh, inferno! Deveria ter falado da viagem quando Sofia telefonou pela manhã. Agora, sem contato, sem voo, sem dinheiro... Ah, Sofia! Devia estar tão linda, perfumada... Ela iria debulhar o terço nos ouvidos dele por faltar ao compromisso, a novela de sempre. Ele não queria ficar pior do que já estava, resolveria a situação pessoalmente. Mas uma coisa era certa, sentia aumentar o aperto no peito só de pensar no desfecho disso.

Retornou ao balcão.

— Seu voo foi confirmado para às 21h47, previsão de chegada em Guarulhos às 23h10 — informou o operador.

— Guarulhos? — questionou Rodolfo inconformado.

— Isso, Guarulhos.

Era aceitar ou dormir no Rio. Então, confirmou.

Do aeroporto, a intenção era telefonar para Sofia. Explicar a ela o motivo do sumiço, dizer que iria direto para casa porque precisava tomar um banho, livrar-se da roupa imunda, descansar... Ela entenderia a situação. Só que em vez de achar o telefone público, entrou no táxi por instinto. Deu o endereço dela ao taxista.

Chegando ao edifício de Sofia, ele perguntou ao porteiro se ela estaria em casa. Antes de responder, Giba questionou:

— Você está bem, Rodolfo?

— Tudo bem. Sofia está ou não em casa?

— Ainda não chegou.

— Tenho a chave – respondeu. – Vou subir, esperarei por ela lá em cima.

— Me desculpa, Rodolfo, mas tenho ordens da dona Sofia de não deixar ninguém entrar. Ela não autorizou nem você.

— Larga disso Giba, está me estranhando?

O porteiro encolheu os ombros.

— Se eu descumprir as ordens, eles me mandam embora. Você sabe como eles são. Espera aqui embaixo... – de novo, o porteiro insistiu: – Rodolfo, tem certeza de que tá tudo bem mesmo, não aconteceu nada de errado?

Rodolfo ficou ali, inerte, sem vontade de justificar coisa alguma.

Minutos depois, escutou o ruído de motor parecido com o do carro de Sofia. Botou a cara para fora da guarita. Ela entrou na garagem.

— Sofia, Sofia... – gritou.

Sem olhar, ela seguiu em frente. Rodolfo voltou-se ao porteiro.

— Interfona, por favor. Avise-a que vou subir.

O porteiro viu Sofia estacionar o carro através do monitor de vídeo. Assim que ela entrou no elevador, ele interfonou.

— Dona Sofia, o Rodolfo tá aqui. Parece que andou pondo os bofes pra fora, todo amassado, fedorento... – ele baixou o tom de voz: – Nem parece aquele homem elegante, perfumado de sempre – enquanto descrevia a situação, o porteiro grudou os olhos nele, como se estivesse vendo assombração. – Ele quer subir.

Rodolfo pôde ouvir a voz de Sofia, mas não entendeu patavina. O porteiro, ainda segurando o fone, balançou a cabeça, dando o recado.

— Ih, amigo, não adiantou nada eu contar tudo a ela. A mulher tá com a macaca, falou que não quer te ver nem pintado de ouro.

— Como não quer me ver? Me dê isso aqui, deixe-me falar com ela.

— Já desligou.

Ele esmurrou a parede e se afastou dali sacudindo a mão que formigava. Ela não queria vê-lo... o que ele teria feito de errado? Por Deus, seria crucificado por dedicar-se ao trabalho? Isso não era direito. Como de costume, nas horas de aflição, ele pousou a mão no estômago. A fisgada atacava com tudo.

Debruçou-se sobre o corrimão da escadaria da entrada do *hall* do prédio, todo molambento, a roupa imunda, cansado... Sofia não poderia fazer isso com ele, a viagem tinha sido a trabalho, não por diversão. O maior desejo era estar com ela. Podia jurar pelos filhos, mas deu tudo errado... A essa altura seria mais inteligente ir para casa. Passava da hora de descansar. Mas não iria embora sem antes dar um beijo nela.

Minutos depois, pediu ao porteiro para ligar de novo, talvez ela tivesse mudado de ideia. Após vários toques, ela atendeu.

— Pode subir — disse o porteiro.

A porta do elevador abriu no nono andar, a porta do apartamento já estava aberta. Rodolfo não entrou. Esperou pelo convite. A situação pedia cautela. Pôde observá-la do *hall*, linda, sentada na poltrona mexendo no controle remoto da TV, pulando de canal em canal. Não se moveu, apenas disse:

— Entre. Mais de três horas de atraso, Rodolfo. Posso saber se, além da bebedeira — agora ela olhava para ele dos pés à cabeça, com desdém —, você teria outra razão para aparecer aqui a essa hora, depois de ter me dado o perdido?

— Posso me sentar? — sabia que de nada adiantaria retrucar. Melhor esperar a deixa para se esclarecer.

Ela deu de ombros. Rodolfo continuou:

— Querida, estive fora...

Sofia o cortou abruptamente. A conversa seria difícil.

— Não perca seu tempo tentando explicar o inexplicável. Já que você não atendia o celular nem por reza, no fim do dia eu telefonei na sua empresa. A secretaria me disse de sua viagem. Agora eu lhe pergunto, custava pegar o *iPhone* e, pelo menos, me enviar uma mensagem avisando do possível atraso, Rodolfo?

— Querida, o *iPhone*...

— Ainda não terminei. Imagino... imagino nada, tenho certeza... – ela desviou o olhar dele, respirou fundo, baixou o tom de voz e continuou: – Nem passou por sua cabeça que eu poderia estar preocupada, se pensasse um pouquinho em mim, teria avisado. Agora surge do além com essa cara de bebum.

Ele ficou atônito. Bebum? De onde ela tirou essa ideia?

— Meu amor, eu...

Sofia andou até a porta e esticou o braço indicando a ele a saída. Ela estava mesmo com a macaca, como disse o porteiro.

— Meu amor? – continuou ela. – Hum... É tarde, estou cansada de desculpas. Estou farta de ficar em segundo plano, Rodolfo. Quero dizer, terceiro, quarto. Deixe-me ver, em primeiro lugar a empresa, depois os filhos. E eu, Rodolfo?

— Essa comparação é absurda, querida. Você está agitada, por favor, escute-me!

— Agitada? Ahã...

— Acalme-se, minha vida, posso lhe explicar todo o contratempo.

— Para de falar "meu amor, minha vida..." Acabou, Rodolfo. Vá embora!

Rodolfo ficou imóvel, na porta, diante de Sofia, sem querer acreditar que a amada o colocava para fora da casa, da vida dela. Se ao menos ele conseguisse se explicar, Sofia entenderia, afinal de contas, eles se amavam. Por que terminar assim?

— Ouça-me – tocou-lhe o rosto. – Eu amo você, Sofia. Não podemos jogar por terra nossa relação de mais de dois anos só porque eu me ausentei hoje.

Ela empurrou as mãos dele, respirou fundo de novo, meneou a cabeça e fechou a porta, deixando-o do lado de fora. Ele apoiou as costas e a cabeça na porta, ficando de frente ao elevador ainda parado no andar.

— Querida, abra essa porta, vamos conversar.

— Preciso ficar sozinha, vá! É tarde.

As coisas eram diferentes... o trabalho, a relação deles, os filhos, cada um tinha o seu grau de importância, impossível comparar. Oh, céus! Deveria insistir mais uma vez, tentar quebrar a resistência dela? Ou ir para casa descansar? Amanhã, os dois de cabeça fria se entenderiam.

O elevador ali parado o convidou a entrar.

— Amanhã a gente conversa. Durma bem, querida.

A porta do elevador fechou lentamente. Por dentro, diluía-se a pontinha de esperança de ver a outra porta se abrir e Sofia pedir a ele para voltar. Falhou de novo por causa do trabalho. Por mais que ele prometesse mudar, as coisas estavam fora do controle. Sentia-se culpado por se dedicar demasiado ao trabalho e negligenciar a relação afetiva.

Teria de mudar isso.

Capítulo 37

No dia seguinte, logo cedo, enquanto fazia a barba, Rodolfo percebeu as olheiras profundas marcando o rosto. Mas que diferença fazia ter boa ou má aparência? Ele só queria sair de casa o quanto antes para evitar o trânsito carregado.

Já na empresa, largou a pasta em cima da mesa e foi tomar café na copa. Francisca, como sempre, já tinha chegado cedinho e preparado tudo. Rodolfo, na verdade, não estava para conversa, mas isso nem de longe inibia Francisca. O prazer dela era bisbilhotar a vida alheia, melhor dizendo, a vida dele.

Antes mesmo de Rodolfo dizer bom dia, ela, de costas, destravou a língua:

– Chegou tão cedinho, seu Rodolfo!

– Como sabe que sou eu se nem me olhou, Francisca?

– Ah, cheirei o seu perfume. Hum... Inconfundível.

Rodolfo desconfiou ter exagerado no perfume para compensar o odor azedo do dia anterior.

– Está forte assim?

– De jeito nenhum, seu Rodolfo. Gosto demais desse cheirinho. Quero dizer, eu e toda a mulherada da empresa.

– Sério?

Ela entregou-lhe a xícara de café.

– O senhor podia me dar o nome... – parou de repente, moveu a cabeça para os lados enquanto o avaliava de cima a baixo. – O senhor está bem?

– De novo essa pergunta?

– Com perdão da palavra, seu Rodolfo, mas sua cara é de quem passou a noite inteirinha no trono.

Maria Francisca perderia o amigo, jamais a piada.

— Nada disso, estou bem.

— Sério, seu Rodolfo, quer um chá em vez do café? Faço num instantinho.

— Café está ótimo. Na verdade...

Ela interrompeu:

— O senhor está bravo comigo porque mandei o senhor relaxar e... gozar? Me desculpa.

— Ih, Francisca, nem me lembrava mais disso. Foram tantas coisas desde aquela hora...

Ela chegou mais perto. Debruçou-se sobre a mesa, arregalando os olhinhos negros curiosos.

— Misericórdia, seu Rodolfo, o senhor já viu seu Júlio hoje?

— É muito cedo, Francisca, Júlio nem chegou. Mas por que quer saber?

— Nada. Nada mesmo.

— Ah, Francisca... estou mesmo é precisando me benzer.

— Isso é bom, seu Rodolfo, eu acredito em inveja, olho gordo. Benzer sempre faz bem. Mas, cá entre nós, o senhor está chateado com alguma coisa?

Rodolfo passou as mãos nervosas nos cabelos. Não estava disposto a falar do fora que levou da amada. Muito menos relembrar toda a confusão do dia anterior no Rio de Janeiro. Seu foco eram as ações do dia, relatar ao diretor as decisões da reunião e saber o resultado do processo de seleção do novo superintendente, que deveria ter saído no dia anterior. De repente, ele se levantou, meneou a cabeça em negativo. Não disse uma palavra se quer. Apenas saiu dali.

Depois de tantas desgraças no dia anterior, a esperança de Rodolfo era que a sua cota de problemas tivesse se esgotado. As coisas precisavam tomar outro rumo.

Quem teria sido eleito para assumir a superintendência? Rodolfo se preparava para ir à sala do diretor quando Silvinha apareceu na porta da sala avisando-o da reunião extraordinária, logo mais, às dez horas, na diretoria, para a apresentação do novo superintendente regional.

— Apresentação...

— Isso mesmo, Rodolfo, ontem finalizou-se o processo de seleção para a posição de superintendente regional, hoje o nosso diretor irá formalizar.

Silvinha pareceu-lhe muito séria, estaria escondendo alguma coisa? Júlio nunca se atrasava, passava das nove horas e nada de ele chegar. Rodolfo apertava os ombros, a situação tensa provocava-lhe dores musculares. Só lhe restava aguardar mais meia hora para se inteirar das coisas.

No horário marcado, Rodolfo entrou na sala da diretoria. Júlio já estava lá.

— Entre, Rodolfo — disse-lhe o diretor.

Ele cumprimentou o colega primeiro, depois estendeu o braço para o diretor.

— Como foi ontem no Rio, Rodolfo? — perguntou-lhe o diretor.

— Tirando os impasses pessoais, o resultado foi excelente. Depois passo-lhe os detalhes, creio que agora o assunto é outro.

A sensação de inquietação, aperto no peito, exigia dele muito esforço para esperar o anúncio do novo superintendente. Quem seria o escolhido: Júlio ou ele?

— Isso mesmo, Rodolfo, convoquei essa reunião extraordinária para oficializar o novo superintendente. Você e Júlio participaram do processo. Buscamos também outros profissionais no mercado, isso ficou claro no edital, não é segredo para ninguém. Após avaliarmos currículos, experiências, resultados, posturas e outros pré-requisitos do cargo, decidimos nomear quem já conhecia a empresa.

Naquele instante, a esperança de ter sido ele o escolhido foi notória em sua mudança de postura. Rodolfo levantou os ombros e inclinou o corpo para frente.. Estava na empresa há mais tempo que Júlio, isso deveria contar pontos. Além disso, o diretor admirava seu trabalho, confidenciava-lhe decisões importantes. A relação deles era de muita confiança.

O diretor continuou:

— Vocês dois são competentes. Foi difícil escolher — tanto rodeio. — O fator preponderante foi resultados. O colegiado analisou as regiões de vocês dois. Ao findar das avaliações, eles concluíram que Júlio multiplicou os resultados da região dele em menos de um ano, em contrapartida, a sua região, Rodolfo, apresentou queda brusca nos últimos meses e você ainda não nos apresentou estratégia de recuperação.

— Você quer dizer... — o diretor o interrompeu.

— Quero anunciar o Júlio como o novo superintendente regional — Rodolfo recebeu a notícia atônito, sentia-se golpeado. O diretor continuou: — A partir de hoje, você se reportará a ele.

O coração de Rodolfo acelerou. Seu desejo era sair correndo dali. Falta de consideração, de que adiantava dedicar sua vida à empresa para ter esse reconhecimento? Falaria o quê?! Parabéns Júlio, você merece?! Ou tenho orgulho de você, meu diretor, seu senso de justiça me comove? Justiça... deveria, de fato, chutar o balde, mandar todos para aquele lugar.

— Isso é tudo? – perguntou Rodolfo, já se levantando.

— Rodolfo – interagiu Júlio –, quero lhe dizer que nada mudará.

Novo superintendente... justo o boca mole! Claro! Nada mudaria! Até ele decidir, Rodolfo já teria caído fora.

— Sei.

Rodolfo os deixou. Retornou à sala. Um turbilhão de pensamentos gritavam em sua mente. Pegaria seus pertences e cairia fora dali, precisava espairecer, mais tarde decidiria a vida. Realmente, não sabia qual rumo tomar. Não bastasse isso, lá vinha Francisca lhe perturbar.

— O senhor já soube da promoção de seu Júlio, né?

— Não estou para conversa, Francisca – foi logo anunciando.

— Desculpa, seu Rodolfo, eu sabia disso desde ontem. Tentei fazer o senhor entender na hora do café. Daí fiquei sem jeito de abrir o jogo.

— Pelo visto, todos sabiam e ficaram sem jeito, sou mesmo o palhaço da história.

Ele despejou a raiva na pobre copeira, como se ela fosse a culpada de tudo.

— Por causa disso as pessoas não falam, seu Rodolfo. O senhor é estourado demais. Briga à toa.

— Eu, estourado? É... não devo ter razões para isso.

Ele mexia na sua pasta, enfiava coisas, tirava outras.

— Olha, eu sei como o senhor deve estar se sentindo. Aqui está o endereço da benzedeira. Apesar de eu achar que o seu Rodolfo precisava de seguir os princípios da minha mentora do coração.

Ele parou de mexer na pasta. Encarou-a incrédulo. Só poderia ser deboche dela, benzedeira... Oh, Deus, até quando? Até quando teria de suportar esse inferno astral? Fechou a pasta e saiu.

Antes do fim do expediente, Rodolfo foi procurar Francisca. A esperança de conseguir o telefone da mentora mantinha sua fé na solução dos conflitos. Quando entrou na copa, percebeu que a copeira se organizava para ir embora.

— Francisca.

— Estou quase de saída, seu Rodolfo.

— É rápido. Quero falar com a sua mentora.

— Olha, já passa de seis meses a última vez que falei com ela, seu Rodolfo. Inclusive, outro dia telefonei pra ela, queria tirar uma dúvida, sabe? Ninguém atendeu.

— Mas... você tem o endereço?

— Endereço... Na verdade, seu Rodolfo, nunca fui lá no escritório da mentora.

— Não... Me explique isso.

— A gente se encontrava três vezes por semana lá no metro Santa Cecília. Em meia hora de prosa eu saía de cabeça cheia, sabe? Ela perguntava de um jeito que parecia pescaria. O senhor já pescou alguma vez?

— Só uma vez.

— Então, ela jogava a isca e eu fisgava as respostas. Até doía a cabeça de tanta coisa. Chegava em casa, já fazia tudo direitinho, as tarefas como ela dizia, entende?

— Entendi. Por isso quero falar direto com ela. Você me entende, não é?

— Eu achei o cartão, vou lhe dar o telefone e o endereço dela, mas tem uma condição, seu Rodolfo.

— Condição...

— Tem coisas da mentora que eu não posso discutir com o senhor. De mais a mais, seu Rodolfo, é preciso querer mudar, romper os... os... ah, aquelas coisinhas que não deixam a gente seguir a vida.

— Bloqueios, você quer dizer.

— Isso, isso mesmo.

— Francisca, estou disposto a mudar. Pra ser sincero, preciso fazer qualquer coisa para dar outro rumo à minha vida, como já lhe disse.

Naquele instante, ela abriu a bolsa, tirou de dentro o cartão da mentora, já amarelado de tão velho. Enfim, Rodolfo conseguira o endereço e o telefone da Luciana Silva.

— Olha só, seu Rodolfo — ela balançava o cartão diante dele. — Se o senhor perder isso como fez com aquele papel, já era! Nem venha atrás de mim querendo saber da mentora.

Rodolfo não podia acreditar na ousadia da copeira. Mas ficou cheio de esperança, iria agendar uma visita. Ele sentia-se mergulhado na escuridão com uma lanterninha fraca focalizando a direção que poderia ser a saída, mas não estava tão confiante disso. Na cabeça, muitas dúvidas, poucas certezas. Era o caso de ver para crer.

Capítulo 38

No dia seguinte, Rodolfo começou logo cedo a telefonar no escritório da mentora. Depois de várias tentativas sem êxito, ele digitou o endereço no *Google Maps*, queria identificar a localização do escritório dela. Francisca passou em frente à sala dele naquele instante.

– Francisca, vou lá!

– Lá aonde, seu Rodolfo?

– Visitar a mentora.

– Telefona antes, seu Rodolfo.

– Foi o que fiz até agora. Ninguém atende.

– Misericórdia, bateu um pressentimento.

– Pressentimento?

– Nada. Bobagem minha.

O pressentimento sem explicação da Francisca não tirou a esperança de Rodolfo. Na hora do almoço, ele saiu do escritório confiante de que finalmente encontraria a mentora da copeira.

Quando chegou à rua da mentora, ele reduziu a velocidade. Dirigiu devagar, buscando a numeração da casa. Rodou por duas quadras, enxergou o número 928 escondido entre os galhos da árvore plantada na calçada.

– Deveria ter lei para regulamentar a posição dos números – resmungou.

Vende-se!

Avistou, também, a placa de fundo amarelo, letras pretas, pendurada na frente da casa. Mais um balde de água fria em sua esperança.

Estacionou o carro, desceu e ficou parado na calçada, observando o movimento. Naquela hora, outro carro estacionou em frente à casa ao lado, desceu um senhor. Ele abriu o porta-malas e começou a tirar pacotes, empilhando-os no chão. Rodolfo ofereceu-lhe ajuda. Ele aceitou.

— Senhor, desde quando essa casa está à venda?

— Olha, rapaz, desde quando cheguei aqui, há três meses, tem essa placa — respondeu.

Rodolfo perguntou se ele conhecia as pessoas que trabalhavam ali. Ele respondeu que não, mas a senhora da segunda casa à direita conhecia todos da rua.

Após ajudá-lo a colocar as coisas para dentro, Rodolfo foi bater na porta da outra vizinha. Apertou a campainha. Uma senhora de cabelos brancos, usando óculos de lentes redondas, grossas, apareceu na janela.

— Perdoe a minha intromissão, por acaso a senhora conheceu a Dra. Luciana Silva?

— Ela se mudou.

— A senhora teria o novo endereço dela?

— Sei que foi para Bélgica, senhor. Ela voltou há mais de seis meses para a terra natal dela, Bruges.

Mais de seis meses.

Seus problemas gritavam por solução há tempos. Naquele exato momento, não via outra alternativa além de acreditar nos conhecimentos da Maria Francisca. Piorar a situação seria impossível. Afinal, nessa vida nem tudo era o que parecia ser.

Eram duas e meia da tarde quando Rodolfo retornou do endereço da mentora.

Em vez de entrar em sua sala, foi direto à copa. Francisca poderia ter qualquer pista sobre essa viagem da mentora. Antes de entrar, ele apoiou as duas mãos no batente, olhou firme para Francisca que estava sentada, folheando uma revista.

— Sua mentora viajou — logo disse.

Ao ouvir essa notícia, ela fechou a revista, levantou-se e levou a mão à boca, depois falou:

— Misericórdia, seu Rodolfo, meu pressentimento.

— O que diz seu pressentimento? — ele soltou as mãos do batente e entrou.

— Ave, seu Rodolfo, ela não volta mais... Meu coração tá quase saindo pela boca.

— Pois, agora é com você, Francisca.

— Não posso, seu Rodolfo.

— Você vive dizendo que aprendeu "tudinho" com a mentora.

— Aprender eu aprendi, mas o senhor desdenhou tanto de mim... perdi a confiança de fazer sozinha.

— Onde está o seu caderno de anotações?

— É, seu Rodolfo... só o caderno não resolve nada.

Rodolfo massageou a nuca, seguiu até a porta. Droga! Quanto mais precisava de uma coisa, mais essa coisa lhe fugia. Por quê? O caderno da Francisca esteve diante de seus olhos, ele não deu a mínima atenção.

Mas jogar a toalha a essa altura seria uma atitude fraca, Rodolfo decidiu seguir adiante.

Capítulo 39

No dia seguinte, no horário habitual, o despertador do *iPhone* disparou. Rodolfo estendeu o braço e deslizou o dedo para interromper o som inconveniente. Sua predisposição para o trabalho beirava a zero de motivação. Ainda não tinha digerido a traição do diretor e a promoção de Júlio, que passou-lhe a perna. Só depois de quarenta minutos rolando de um lado para o outro, ele se viu obrigado a saltar da cama; outros problemas dependiam de sua ação. O principal deles era o empréstimo. Pegou o aparelho e ligou na agência antes de sair de casa.

— Pode confirmar se o empréstimo entrou na minha conta ontem? — perguntou sem ao menos se identificar.

— Quem fala?

— Rodolfo da FIBRAX, desculpe-me.

— Deixe-me acessar o sistema, Rodolfo — o gerente respondeu. — Sinto muito — disse o gerente minutos depois. — Deve ter ocorrido algum problema, ainda não entrou.

— Não?

— Infelizmente.

Oh, droga! O prazo de quitação da dívida espiraria em dois dias. E se o banco não liberasse no dia seguinte, como iria cumprir o compromisso? Desligou o telefone e foi terminar de se arrumar pensando: "dane-se o mundo."

Uma hora depois, Rodolfo chegou à empresa. Entrou em sua sala e, como sempre, pousou a pasta sobre a mesa, arrastou-se até a janela, correu as cortinas e observou o movimento na rua. Depois, retornou à mesa, dando a volta pela cadeira.

Abriu a pasta, tirou o notebook. Estava agachado, plugando o equipamento na tomada, quando ouviu um toque na porta. Ergueu a cabeça, percebeu Júlio na entrada.

— Muito ocupado, Rodolfo?

— Acabei de chegar.

— Rodolfo, estive pensando naquela sua dívida... — enfiou a mão no bolso da calça, tirou um papel dobrado, esticou o braço na direção de Rodolfo sem nada dizer. Depois de segundos, completou: — Eu quero que você aceite isso.

— Mas... — Júlio o interrompeu.

— Vou me ofender se você recusar.

Rodolfo esticou o braço e pegou o cheque. Abriu. Respirou fundo.

— Não posso aceitar, Júlio — disse já devolvendo o cheque ao colega.

Júlio ignorou. Rodolfo continuou de braço esticado.

— Assinei contrato de empréstimo consignado no banco. O dinheiro deve estar disponível na minha conta até amanhã.

— Mesmo assim, eu insisto — Júlio disse. — Para o caso do banco... você sabe o que eu quero dizer.

Rodolfo afundou-se na cadeira, respirou fundo de novo. Qual era a do colega? Ou melhor, do novo chefe? Estaria se redimindo por tê-lo atropelado na promoção? Numa atitude involuntária, ele abriu o cheque outra vez, colou os olhos nos números. Só ficou sem saber se agradeceria ou não. Não agradeceu.

Júlio saiu da sala. Rodolfo permaneceu sem ação. Nem acreditava no que via. Júlio deixou com ele um cheque assinado no valor de quinze mil reais. Aceitaria o empréstimo do colega? O gerente do banco não lhe deu garantias sobre a liberação imediata. Ponderou. Recusar isso seria trocar o certo pelo duvidoso. Enfiou o cheque no bolso.

Capítulo 40

Passaram-se mais de trinta dias desde que Rodolfo recebera a ordem judicial.

A audiência de conciliação ocorreria às duas horas daquela tarde. Antes, ele precisava passar no escritório da doutora Raissa. Saiu de casa cedo, mas o inesperado tinha virado rotina em sua vida. Quando se aproximava do endereço dela, percebeu a direção puxando à esquerda. Rodolfo encostou o carro e desceu para ver o que era.

– Perseguição – disse e chutou o pneu murcho.

Para Dale Carnegie devia ser fácil dizer "coopere com o inevitável", não para Rodolfo. Ele apertou os ombros já tensos. Alguns segundos depois, abriu o porta-luvas, pegou o *kit* seguro, digitou o 0800.

Meia hora após ligar para a central de atendimento, o pneu fora trocado.

Rodolfo chegou ao endereço da advogada, se identificou na recepção do prédio. O atendente, como de praxe, ligou na sala dela para obter a autorização de acesso. Minutos depois, avisou:

– Não atendem, senhor Rodolfo.

– Não?

– Sente-se! Quer tomar água ou café?

– Não, obrigado.

Rodolfo acomodou-se na poltrona ao lado do balcão.

A espera pela doutora Raissa era inevitável. Ele, em seu estado de consciência alterado, cheio de expectativas e medos, sentiu o tempo se eternizar naquele confortável assento. Folheou três revistas sem ler qualquer notícia. Subitamente, o toque em seu ombro o fez voltar à realidade. O coração bateu acelerado. À sua frente, Raissa, elegantemente vestida com um *tailleur* azul-marinho, maquiagem leve, perfume suave, foi logo dizendo:

— Desculpe-me, Rodolfo, por fazê-lo esperar.

— Nem sei por quanto tempo esperei, doutora. Hoje o dia começou tenso. Não gosto, são maus preságios.

— Bobeira, Rodolfo! Vamos subir. Conversaremos em minha sala.

Já na sala, a doutora Raissa tirou de sua pasta os documentos e colocou-os sobre a mesa para que Rodolfo os examinasse.

— Doutora, isso é mesmo necessário? — Rodolfo a questionava sobre a audiência de conciliação.

— São os procedimentos, Rodolfo. Os conciliadores ajudam as pessoas a resolverem suas questões. Havendo acordo, não há vencedores nem vencidos, todos ficam satisfeitos com o resultado, entende?

— Entender, eu entendo, já a Luana... duvido.

— Se você duvida que Luana aceite a conciliação, temos de nos preparar para uma audiência de instrução e julgamento.

— O que acontece se eu faltar à audiência de conciliação, doutora?

— O juiz considerará que os fatos alegados pela senhora Luana são verdadeiros e decidirá na sequência.

Esse gosto Luana não teria.

No fim de uma hora e meia, sentia-se preparado, embora continuasse tenso. Afundou os dedos nos ombros outra vez, a musculatura rígida confirmava a tensão. Receava ter ido além do que convinha com Luana. Qual seria a proposta do advogado dela? Rodolfo poderia ter evitado o constrangimento se tivesse conseguido o dinheiro para Luana. Agora era tarde para voltar atrás.

Rodolfo e a doutora Raissa saíram juntos para a audiência.

Após três horas, entre a saída do escritório da doutora e a tentativa de conciliação, Rodolfo e a doutora retornaram ao endereço dela.

— Eu sabia. Eu sabia que a Luana não abriria mão de nada!

— Olha, Rodolfo, o acordo de conciliação seria o melhor resultado para vocês dois. Menos desgastante, entende?

— Mas, doutora, de minha parte eu não tenho mais o que conceder.

— Entendo — ela disse, balançando a cabeça para cima e para baixo. Depois continuou: — Sabe, Rodolfo, estou intrigada com a escola de seus filhos.

— Intrigada por quê?

— Fiquei intrigada quando você disse que depositava o valor das mensalidades na conta da Luana.

— O que há de errado?

— Quando a mãe ou o pai é professor, em geral, os filhos ganham bolsa. Você pode apurar isso?

Bolsa...

A Luana mais uma vez surpreendia Rodolfo com sua gana por grana. Santo Deus! ela seria tão mesquinha a ponto de o extorquir dessa maneira? Ele teria de tirar isso a limpo, só não sabia se a desmascarava antes ou durante a audiência.

Luana iria pagar caro por isso.

Capítulo 41

No dia seguinte, ainda em casa, Rodolfo ruminava a questão de Luana cobrar dele as mensalidades da escola dos filhos.

— A Luana não seria capaz de exigir dele o pagamento das mensalidades da escola dos filhos se eles tivessem bolsa. Ou seria?

Naquele instante, pegou o *iPhone*, selecionou o número da escola. Apertou o indicador em chamar. Depois do terceiro toque, atenderam.

— Quero falar com a diretora.

— Quem deseja falar com ela?

Rodolfo ficou dividido se revelaria quem era ou se deveria ficar anônimo. A pessoa insistiu do outro lado.

— Quem fala?

— Pode informar se ela já está na escola?

— Senhor, a quem devo anunciar.

— Rodolfo, o pai de Thiago e Raphael.

— Ah! Ela ainda não chegou. Quer deixar recado.

— Eu preciso de uma informação. Talvez você possa me ajudar.

— Talvez...

— Sobre filhos de professores, eles têm direito a bolsa?

— Bolsa? Ah, sim, alguns tem bolsa integral, outros 50% de descontos.

— Obrigado.

Luana, Luana... por essa Rodolfo não esperava. No mínimo 50% de descontos na mensalidade, os filhos teriam direito. Agora precisava de provas consistentes. Deveria ir direto à escola ou passaria a informação à advogada? A doutora Raissa deveria ser mais hábil nessa busca.

Já no escritório, Rodolfo cumpria a rotina: correu as cortinas, espiou o movimento da rua, depois arrastou a cadeira e quando estava tirando o computador da pasta, ouviu passos no corredor e a voz inconfundível da copeira adentrando a sala.

— Está mais calmo, seu Rodolfo? — ele a encarou sem dizer nada. Ela continuou: — Trouxe chá fresquinho em vez do café, o senhor anda muito estressado.

— Bom dia, Francisca! — disse irônico.

— Ah, trouxe também isso aqui — exibiu o objeto de desejo, o velho caderno com os princípios. Ele esticou a mão, ela recuou. — Calma, já lhe explico. Posso me sentar?

— Claro!

Dessa vez ele estava disposto a encorajá-la.

— Vamos por parte, seu Rodolfo.

Petulante demais essa copeira, posicionando-se como "mentora", cheia de si.

Ela prosseguiu:

— Hoje vou lhe apresentar os princípios da mentora, mas, olha, vou pedir paciência ao senhor — ele preferia calar em vez de questionar, nada teria a perder. — Presta atenção, leia isso aqui... — correu o dedo no texto. — Só essas duas folhas por enquanto, viu? Vou servir o seu Júlio — Rodolfo bufou, ela se fez de desentendida, continuou a dar ordens. — Volto já pra gente conversar.

— *Okay*, "mentora" Francisca.

Por dentro, ele se esforçava para manter o autocontrole. Queria muito conhecer e praticar os princípios da mentora. Só que perdia a paciência com a copeira. O quanto isso iria lhe custar? Pagaria para ver.

Rodolfo recebeu dela o caderno aberto na página de leitura. O texto começava com a citação de Mahatma Gandhi:

 "O fraco jamais perdoa; o perdão é uma das características do forte".

Ele sentiu o impacto da leitura já na primeira frase. A sabedoria de Gandhi o balançou. Qual seria a sua característica?

Primeiro princípio da mentora: PERDOAR E SER PERDOADO.

Rodolfo continuou a bufar. Fechou o caderno, espreguiçou-se e manteve as mãos apoiadas na nuca por instantes. Aquilo lhe parecia insano.

– Perdoar. Ser perdoado. Como? – resmungou. Precisava continuar a leitura:

> "Perdoar significa esvaziar o coração do mal que outra pessoa lhe causou. O processo é lento e contínuo. Exige força de vontade; forte desejo de libertar-se das amarras provocadas por mágoas e ressentimentos.
>
> A primeira ação é perdoar a si próprio. Entender as causas e os efeitos de ter carregado consigo sentimentos negativos, como: rancor, dor, tristeza, amargura, raiva, ódio, culpa, vinganças etc., durante longo período da vida.
>
> A segunda ação é perdoar a outra pessoa, restaurar as feridas e libertá-la da culpa. Isso requer tempo para restabelecer a confiança, abrir o campo para relacionamentos espontâneos. A flexibilidade, nesse caso, é fundamental, pois ambos estarão expostos e poderão cometer novos erros."

– Flexibilidade... hum! Cadê a Francisca? – balbuciou consigo mesmo. De pé, esticou os braços, deu a volta pela mesa, foi até a porta, avistou a "mentora" saindo da sala do Júlio.

– Leu tudo, seu Rodolfo?

– Francisca, isso é muito complexo.

– O quê?

– Difícil de entender.

– Ah, não! Vou explicar tudinho, depois vai depender da sua vontade.

Francisca entrou e se sentou. Pegou o caderno, deslizou, outra vez, o dedo indicador no texto. Rodolfo permaneceu em pé, acompanhando a leitura com ela.

— Ih, Francisca, não sei não...

— Vai por mim, seu Rodolfo — ela interrompeu. — Isso funciona, eu me lembrei de tudo, tudinho. Agora, de uma coisa o senhor tá certo, não é fácil perdoar — ele já estava mexido por dentro, nem retrucou. — Mas, olha, aqui tem as perguntas da mentora. Escrevi do jeitinho que ela falava. Basta o senhor responder. Depois disso, eu aposto quanto o senhor quiser, que no fim desses passos as respostas vão pipocar na sua cabeça. Quer apostar?

— Apostar...

— Ânimo, seu Rodolfo, vai ou não vai?

— Ora, deixa disso. Eu vou seguir os passos. Amanhã a gente se fala.

— Só que antes, seu Rodolfo, o senhor vai ter de me falar de suas preocupações.

— Preocupações, Francisca? Nem sei por qual delas começar.

— Por aquela que dói mais, seu Rodolfo.

Ele deu a volta pela mesa, sentou-se. Segundos depois, disse:

— Bem... financeiro, relacionamentos, trabalho... é... é isso.

— Deixe-me ver — ela folheou o caderno. — Aqui está — virou a página para Rodolfo ler.

> Problemas de relacionamentos são prioritários. Em especial, os que concernem às relações familiares. A família, merece dedicação exclusiva. A paz no núcleo familiar restabelece a ordem, abre novas possibilidades. Outros problemas se organizam por si só. A primeira questão a ser avaliada é: existem mágoas ou ressentimentos entre pais e filhos; irmãos; parentes próximos? Caso não seja um problema familiar, mas de relacionamentos em geral, o critério é o mesmo. O ponto de partida é o Princípio do Perdão: Perdoar e ser Perdoado.

Rodolfo estava, de fato, exausto. Nem queria alongar a conversa com a colega "mentora". Pegou o caderno e foi tirar cópia das folhas. Apesar de achar tudo aquilo insano, começava a ver sentido na leitura. Decidiu seguir as orientações.

Capítulo 42

À noite, em casa, Rodolfo releu as orientações descritas nas folhas copiadas do caderno de Francisca. A mentora aconselhava relaxar antes de iniciar os passos de cada princípio.

Se ela recomendava deveria ser importante.

Rodolfo pegou o *iPod* e escolheu uma música instrumental tranquila. Conectou o aparelho na caixinha de som, regulou o volume e se sentou confortável na cadeira. Começou o exercício tomando consciência da respiração. Depois, colocou sua atenção na postura e na respiração. A música e a respiração juntas produziam bons efeitos, sensação de leveza. Só que se esqueceu de desligar o maldito celular. Passados menos de cinco minutos, droga! Teria de tocar justo agora? O coração acelerou, abriu os olhos, esticou o braço, alcançou o *iPhone* em cima da mesa, desligou-o sem atender.

Voltou à estaca zero. Programou o tempo de quinze minutos na TV para o relaxamento. Reiniciou a música. Ajeitou-se na cadeira de novo. Inspirou lentamente, respirou com suavidade. Repetiu várias vezes a respiração consciente. Mas a concentração já era, seu pensamento estava no telefone. Deveria insistir, talvez essas reações fossem normais: inquietação, coceira na cabeça, nos braços. *Oh, shit!* Bastava por hoje.

Saía do transe como entrou. Mesmo assim, pegou a folha de perguntas e correu as vistas nas questões, sem tentar responder. Essa era outra recomendação da mentora.

Para exercer o perdão, siga os passos a seguir. Leia, com atenção, as questões do item 1, só depois as responda. Após a tarefa, faça o mesmo com os itens 2, 3 e 4.

1- **Reconhecer a Mágoa:**
De quem você tem mágoas?
Quando aconteceu?
Qual foi a causa dessa mágoa?
Quais sentimentos se desencadearam da mágoa?
Qual o propósito desses sentimentos?
O que você aprendeu com a mágoa e esses sentimentos?
Como se sente ao analisar sua mágoa?
O que mudaria em você se a mágoa se transformasse em perdão?
De zero a dez, qual nota você atribuiria a essa mágoa agora?
Você está pronto para se perdoar?

2- **Expressar seus sentimentos a quem lhe magoou:**
Como seria ficar frente a frente com a pessoa causadora desse mal?
Como você se sente ao falar dos seus sentimentos a essa pessoa?
O que você nota de diferente nessa pessoa hoje?
Se você já se perdoou, conseguiria agora perdoar a outra pessoa?
Considerando-se o romper do tempo, qual é o impacto dessa mágoa no momento?
Existe outra questão, relacionada a essa mágoa, que mereça atenção?
O que mudaria em sua vida se você recebesse o perdão dessa pessoa?
O que vai fazer?

3- **Ser perdoado:**
Sente-se preparado para se libertar da dor?
O quanto está disposto a libertar a outra pessoa da culpa?
Como saber se perdoou e foi perdoado? Quais são as evidências?
Qual é o seu sentimento quando se liberta das mágoas?
De zero a dez, qual nota atribuiria, agora, a suas mágoas?

4- Pacto de recompensa:

Considerando o tempo decorrido, ambas as partes tiveram perdas, como você irá recompensar?

O que é importante nessa nova fase?

O que mudou em você?

Como sabe disso?

Qual é a sensação dentro do peito nesse momento?

Por que você e a outra pessoa merecem recompensas?

5- Celebração:

O que faria você e a outra pessoa mais felizes?

Quais são os benefícios dessa nova fase?

Como você brindará esse renascimento?

Quando fará isto?

Após meditar sobre essas questões, reavalie seus sentimentos e defina seu plano de ação. Você tem escolhas.

MAPA DOS SENTIMENTOS NEGATIVOS

O Mapa de Sentimentos é uma Roda dividida em oito partes. Cada parte representa um sentimento. Se você identificar mais de oito ou menos, desenhe a Roda com as divisões equivalentes. Sinta-se livre para substituir os sentimentos indicados por outros que estejam relacionados com a sua dor.

Em seguida, atribua nota de ZERO a DEZ, do centro da Roda para fora, em cada um dos sentimentos identificados. Depois, una os pontos formando o gráfico do seu MAPA, ou seja, a Roda dentro desta Roda de Sentimentos. Agora, observe quais sentimentos são mais intensos. Notas superiores a quatro, indicam necessidade de dar mais atenção aos sentimentos. Questione-os. Entenda qual foi o impacto no passado e como isso reflete em seu momento atual.

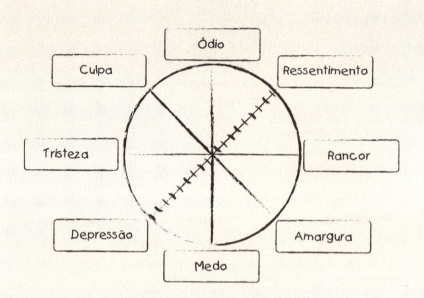

Possíveis efeitos da Mágoa

Por exemplo, a amargura e a tristeza receberam nota 6, elabore perguntas como:

O que causou em mim amargura e tristeza? A resposta poderia ser: falta de atenção, exploração, descaso.

Como esse sentimento do passado interfere em minha vida atual? Possíveis respostas: Não afeta. Ou sente-se vazio.

Como poderia preencher esse vazio? Possíveis respostas: acolhendo o sentimento, compreendendo a intenção positiva e o aprendizado.

Qual foi o aprendizado? Possível resposta: compreender a atitude da pessoa, ela acreditava estar oferecendo o melhor dela.

Reconhecendo que a pessoa deu o melhor, você estaria pronto a perdoar? Sim ou ainda precisa de mais tempo.

Continue a explorar até se sentir satisfeito, o coração deve estar leve no momento de perdoar-se, perdoar o outro e pedir perdão. O processo requer paciência.

Ao concluir a etapa dos sentimentos negativos, avalie seus sentimentos relativos aos efeitos do Perdão.

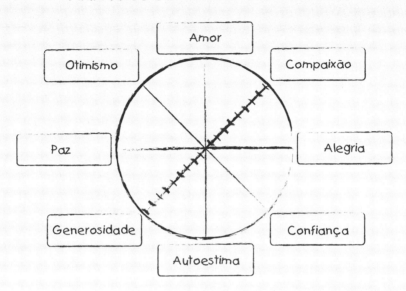

MAPA DOS SENTIMENTOS POSITIVOS

Possíveis Efeitos do Perdão

Esses são alguns dos possíveis sentimentos positivos. Você também poderá escrever a sua própria lista. Depois, atribua nota de zero a dez, de dentro para fora da Roda, a cada sentimento relacionado ao PERDÃO. Diferente da roda de sentimentos negativos, notas inferiores a cinco, significam sentimentos com forte impacto em seu momento atual; carecem de investigação até serem transformados.

Exemplo: Felicidade recebeu nota 4, elabore perguntas como:

O que significa para mim a felicidade?

O que me faz feliz?

Como sei disso?

De quem depende a minha felicidade?

Como seria se eu pudesse escolher SER FELIZ?

Como seria se a felicidade dependesse só de mim?

Ser feliz é como... (crie sua metáfora da felicidade)

Elabore quantas perguntas forem necessárias para transformar o sentimento, elevar a nota e seu poder pessoal. A chave está em suas mãos. A resposta, dentro de você.

> Quando se sentir livre de mágoas e ressentimentos, apto a exercer o perdão, vá ao encontro da pessoa ou, caso ela não esteja mais neste plano, eleja outra para representá-la.
>
> Para marcar o momento do perdão, escolha, dentre seus pertences, um objeto de valor pessoal. Desapegue-se dele, entregando-o a essa pessoa. Agradeça por ela ter lhe oferecido o seu melhor conhecimento. Fale do seu aprendizado, de sua realidade. Você, agora, tem diferentes recursos, poderá criar suas próprias crenças de modo a obter melhores resultados.

Oh, God! Perdoar só poderia mesmo ser atitude dos fortes. Quantas coisinhas impregnadas, verdadeiras ervas daninhas. Como se livrar delas sem ferir a própria natureza? Paciência, paciência e mais paciência. Só que essa prática não satisfazia Rodolfo por inteiro. Uma coisa seria restabelecer as boas relações com o pai, perdoá-lo, receber seu perdão; outra seria exercer o perdão, sacar do peito mágoas e ressentimentos de pessoas que ele não faria questão de se relacionar outra vez, como Luana, por exemplo. Ele esperava obter essa informação de Francisca.

Capítulo 43

No outro dia, ao despertar, Rodolfo sentia-se diferente. O espírito arredio estava apaziguado. Ele foi buscar uma coisa no exercício do perdão e encontrou outra. Era cedo para obter respostas sobre a relação desgastada com o pai, mas conseguira reconhecer suas fraquezas profissionais. Chegou à conclusão de que o colega Júlio, de fato, merecia o novo cargo. Decidiu procurar o colega e se posicionar como parceiro.

Quando chegou à empresa, foi direto à Silvinha e pediu que ela priorizasse um horário na agenda de Júlio, eles precisavam conversar.

— O Júlio estará ocupado o dia todo, pode ser amanhã? — perguntou Silvinha.

— Amanhã... — repetiu Rodolfo enquanto organizava os pensamentos. — Só se for na parte da tarde.

— Deixe-me ver aqui na agenda. Hum... ele estará fora da empresa à tarde.

Rodolfo se corroeu, queria esbravejar, mas não valia a pena. O propósito era a reconciliação.

— Coloca um recado na mesa dele, Silvinha. Diga que eu preciso muito falar com ele.

Passados pouco mais de quinze minutos, Júlio telefonou convidando Rodolfo para almoçar. Ele aceitou.

Mais tarde, já no restaurante, ocuparam uma mesa ao fundo, de modo que pudessem conversar sem a interrupção de outros colegas. Quem deu início ao papo foi Júlio.

— Olha, Rodolfo, sei que ficou chateado por não ter sido escolhido para a posição de superintendente. Sinto muito por isso. Agora estamos juntos, quero contar com a sua experiência, sua parceria de sempre.

— Sabe, Júlio, de fato eu me chateei. Mas acredite, já passou. Fiz a autocrítica, entendi as razões. Reconheço sua competência. Quando você pegou a região norte, o resultado era pífio. Em pouco tempo, você virou o jogo. Quero que saiba: vou dar o melhor de mim, somos parceiros nessa empreitada.

Trocaram aperto de mão, firmando o pacto de parceria.

– Melhor a gente comer – disse Júlio. – Terei mais duas reuniões de tarde. Ah, Rodolfo, reserva horário na sua agenda depois de amanhã, das 9h00 às 11h00. Quero posicioná-lo sobre um novo projeto.

– Okay.

Rodolfo, agora, sentia-se mais aliviado. Tornava-se cada vez mais claro que as mudanças em sua vida pessoal e profissional só dependiam de suas atitudes. Teria de agir de modo diferente se quisesse alcançar resultados favoráveis. Ainda não sabia como mudar sua realidade atual, na prática não era tão fácil quanto parecia. Mas no íntimo, alimentava a esperança de poder reconquistar a primeira posição nas metas, o propósito era a superação. De mais a mais, ele meteu na cabeça a ideia fixa de fazer parte dos contemplados da convenção anual na Flórida.

Capítulo 44

Dias depois, Rodolfo recebia um telefonema da advogada.

– Mas assim tão rápido doutora?

– É, Rodolfo, não é o normal a audiência correr com essa agilidade. Mas pode acontecer.

No dia e horário marcado, Rodolfo e a doutora chegaram juntos ao fórum. O relógio marcava 13h15. Distraído, Rodolfo tropeçou no degrau de acesso à sala de espera.

Ouviu uma voz distante...

– Pai! – voz parecida com a de seu filho Raphael.

Ergueu a cabeça. A cena à sua frente não poderia ser mais bizarra. Luana e seus dois filhos estavam sentados na poltrona à direita da sala com o advogado. Gelou. Devia ter se mostrado empalidecido, nunca imaginou aquela cena. Olhou para a doutora, ela assentiu com a cabeça. Antes de se mover, os dois meninos vieram ao seu encontro. Os três se abraçaram. Naquele instante, caíram em lágrimas. Rodolfo acudiu os filhos de pronto e secou as faces deles com as mãos, ao mesmo tempo que os acariciava. Esforçava-se para se manter firme, seguro de si. Queria deixar os filhos longe disso.

– Pai, tenho medo – disse Raphael.

Rodolfo sentiu a batida acelerada do coraçãozinho dele. Aquilo atingiu a sua alma. Como a Luana tinha coragem de expor os filhos assim?

– Calma, filho. Nada vai acontecer. Calma!

– O senhor tá bravo comigo, pai? – Raphael perguntou. – É verdade pai que o senhor não gosta mais de mim e do meu irmão?

– Filho, olha pra mim. Eu te amo. Amo também o seu irmão. Nada vai mudar isso. Entendeu?

Rodolfo encarou Luana, não conseguiu sentir mais do que desprezo por ela. Teve dúvidas se ficaria quieto. A vontade era de apertar pescoço dela.

Onde estaria a doutora?

Percorreu a vista pela sala. Ela surgiu numa das portas com o advogado da Luana.

— Rodolfo — ela chamou. — Vamos reforçar as últimas recomendações.

— Ok — respondeu. O cenho franzido sinalizava preocupação. Ele se sentia o último dos homens por não acolher os filhos como gostaria.

— Então Luana trouxe os filhos.

— Meu filho mais novo se sente pressionado pela mãe. Tem medo. Eu nem sei o que fazer, doutora. Sinto-me atado.

— Ah! Entendi. Ela trouxe os filhos para pressionar você, Rodolfo. Confia em mim.

— Confiar eu confio, doutora Raissa, embora não me sinta nada confortável. Você nem imagina como me sinto por dentro. Se eu pudesse estrangular a Luana, isso me faria feliz.

— Ora, ora! Trate de se acalmar, Rodolfo.

— Acalmar, doutora?!

— Lembre-se de nossa conversa. Limite-se a responder as questões feitas pela juíza. Seja objetivo, entendeu? Objetivo!

— Entendi.

— Tenho só mais uma recomendação. Aconteça o que acontecer com a senhora Luana, você vai engolir seu ódio, por favor.

— Vou tentar. Vou tentar.

Minutos depois, a doutora Raissa cutucou o ombro de Rodolfo.

— Rodolfo, Rodolfo... É hora, vamos entrar.

— Opa! Já é hora? — apenas seu corpo estava ali. — Vamos logo, não aguento mais isso.

A audiência se iniciou com o conciliador tentando, novamente, um acordo entre as partes. Nem Rodolfo, nem Luana cederam. Em seguida a doutora Raissa entregou à juíza, a defesa de seu cliente, por escrito. A juíza examinou os documentos. Ela poderia ouvir as partes e testemunhas, caso julgasse necessário. Mas não os ouviu. Após a produção das provas, a juíza deu a sentença.

Rodolfo e a doutora Raissa se entreolharam. Depois ele desviou o olhar para Luana. Grossas lágrimas rolavam em seu rosto. Ele ameaçou levantar-se, pousando as mãos sobre a mesa e inclinando o corpo. Por instinto, de novo trocou olhares com a doutora que o deteve, tocando a mão no braço de seu cliente.

— Vamos sair já! — ela disse.

— Está bem.

Rodolfo voltou a se acomodar na cadeira.

Saíram da sala quando a juíza deu por encerrada a audiência.

No saguão estavam seus filhos. Raphael, como sempre, correu ao encontro do pai. Thiago permaneceu no mesmo lugar, cabeça inclinada para baixo. Rodolfo segurou a mão de Raphael e juntos foram até o outro filho.

— Ei, tudo bem, filho?

Tocou-lhe o queixo, ergueu sua cabeça.

— Não quero falar com você — respondeu com a voz áspera.

Naquele instante, Luana surgiu no saguão. Thiago saiu em direção à mãe, afundando o chão com os passos pesados.

Rodolfo ficou paralisado. Raphael se desagarrou da mão do pai, juntou-se à mãe e ao irmão. Aquela cena o estilhaçava por dentro. Queria a companhia dos filhos, poder abraçá-los, divertirem-se juntos. Ele preferiria ceder aos caprichos da Luana a se afastar deles.

Em meio ao devaneio, ouviu a voz da doutora Raissa.

— Sim, doutora.

— Rodolfo, missão cumprida, pode comemorar.

Ele teve vontade de abraçá-la, comemorar ali mesmo. Dessa vez, o coração queria sair pela boca de tanta felicidade. Conteve o ímpeto por causa dos meninos.

— Nem sei o que dizer.

— Não diga nada — ela disse. — Pode me deixar no escritório?

Durante o trajeto, a doutora o orientava como proceder em relação aos filhos. Aconselhou-o a evitar qualquer embate com Luana, isso só afastaria os meninos dele. A situação exigia cautela, especialmente quanto ao filho mais velho, Thiago, que escolheu proteger a mãe.

Como diziam na linguagem popular, um ganho viria sempre acompanhado de uma perda. Rodolfo deveria comemorar essa conquista, mas o gosto amargo do desprezo de Thiago transformava o entusiasmo em tristeza.

Daria tempo ao tempo, lutaria por essa conquista até o fim.

A derrota de Luana era digna de comemoração, mas Rodolfo seguiu de volta para casa. Ele sentia um profundo vazio no peito. Foi tenso passar horas naquela audiência, suportando os olhares furiosos dela. Naquele instante, o sinal fechou, ele desviou o olhar para o espelho retrovisor e observou sua cara abatida, o tom escurecido abaixo dos olhos denunciavam o peso da idade, quase quarenta anos.

— Meia idade! — pensou alto e alisou a face áspera com a barba ainda por fazer.

O sinal abriu, ele avançou pela Avenida Brigadeiro, quando fisgou da memória a promessa de pegar Fernanda no escritório. Ele queria tanto chegar em casa, esquecer-se num banho demorado! Aliás, banho de sal grosso lhe cairia bem.

Fez o retorno, meia hora depois a irmã entrava no carro.

— Conte-me da audiência, maninho.

Rodolfo apenas suspirou forte, soltou os ombros. Nanda insistiu:

— Então...

— Foi cansativa. Estou verdadeiramente exausto, minha irmã.

— Entendo. Mas qual o resultado?

— Tive ganhos e perdas. Não terei de dar mais dinheiro do que já dou à Luana. Mas... Thiago... — Rodolfo sempre falava cortado quando se sentia pressionado. — Ele não quis falar comigo.

Quando Rodolfo disse aquilo, lágrimas grossas rolaram em sua face. Ele preferiria ter perdido a causa em vez de ser rejeitado pelo filho. A dor maior era o sentimento de fracasso. Ele sabia que mais cedo ou mais tarde teria de enfrentar Luana e definir seus direitos de convivência com os filhos, independente das vontades dela.

Capítulo 45

Dias depois da audiência, Rodolfo foi se encontrar com seu amigo Daniel. Chegava a hora de mudar o rumo das coisas. Curtir a vida em vez de lamentar, afinal, o poder da mudança estava nele.

Naquela sexta-feira, fim de tarde, ele parou o carro em frente ao clube centenário, localizado a cerca de quatro quilômetros da empresa, na zona oeste de São Paulo. O lugar era frequentado por sua família e pela de Daniel desde a infância. A portaria estava movimentada. Delegações de jovens se amontoavam nela. Parecia que adolescentes eufóricos disputariam modalidades esportivas. Bateu a nostalgia, lembrou-se nitidamente de quantas vezes participou de campeonatos no clube. A euforia e o nervosismo faziam parte do ritual. Entregou a chave do carro ao manobrista, enquanto tirava do porta-malas a mochila.

Não tardou, o amigo apareceu portando a surrada bolsa esportiva e a raquete pendurada nos ombros. Rodolfo desistiu de criticar o estilo ultrapassado do amigo, a solução seria presenteá-lo. Então provocou:

— Sei qual presente darei a você em seu aniversário.

— Ah, não me diga! — debochou Daniel. — Deixa-me adivinhar... hum... helicóptero?

— Errou! Bem mais simples, uma mochila decente. Onde já se viu aparecer nesse clube trazendo isso, Daniel?

— Ah! Larga disso. Você é almofadinha, Rodolfo. Ligadão nas grifes. Eu não estou nem aí. Essa aqui — deslizou a mão na mochila como se fosse objeto de estimação — aguenta, pelo menos, mais três anos.

— Sei. Vou me aliar à Ariadne para raptar essa coisa.

— Pago pra ver — desafiou o amigo.

— Nada disso. Sem resgate!

Caíram na gargalhada, enquanto andavam em direção ao prédio do Centro Administrativo para identificarem a quadra reservada.

— Seu pai, como está?

— Se recuperando bem, apesar da perda de memória.

— O velho Lício perdeu a memória?

— Perdeu. Não se lembra de ter ido ao meu escritório.

— Gosto muito do seu pai.

— Ele, também, de você.

O clube estava mais movimentado que o habitual, numa sexta-feira. Grupos de pessoas passavam por eles carregando bolas, bandeiras, apitos infernais... Todos falando, melhor dizer, gritando ao mesmo tempo.

— Uau! — grunhiu Daniel se esquivando para trás. Rodolfo olhou para o amigo e não teve tempo de se proteger da bola perdida, que bateu forte, por ironia, em seu rosto. Berrou:

— Pô! O que te impediu de cabecear essa bola, Daniel? Podia ter evitado isso. — Levou a mão à orelha; queimava de dor.

— Ahaha! Você bem sabe o quanto odeio futebol. Muito me estranha você não ter cabeceado, afinal, essa é a sua praia.

Aquilo só contribuiu para fisgar o mau humor escondido por trás da máscara de descontração que Rodolfo decidira colocar naquele dia. Franziu o cenho de imediato. Daniel o conhecia desde os sete anos de idade, com certeza perceberia seu transtorno. Rodolfo sempre foi péssimo em disfarçar sentimentos.

Chegando ao centro administrativo, Rodolfo tomou a frente e foi confirmar a reserva da quadra.

— Sr. Rodolfo, peço desculpas. A quadra está ocupada até às dezenove horas.

— Mais meia hora?

— Mais meia hora. Desculpe-nos por fazê-lo esperar.

Esse clube já foi bom.

— Vamos esperar na lanchonete, Daniel.

— Rodolfo...

Daniel ia falar, mas Rodolfo interrompeu, apontando a mesa de canto mais isolada da lanchonete:

— Vamos nos sentar ali enquanto esperamos a quadra ser liberada.

— Tenho sentido falta daquele Rodolfo divertido — continuou Daniel. — O meu companheiro de tênis, boteco, papo-furado. Sinto falta dos happy hours com nossas amadas Ariadne e Sofia — o amigo parecia falar sério, notou o tom de voz mais suave, sem o costumeiro sarcasmo. — Ultimamente, todas as vezes que telefono, você tem boas desculpas. É excesso de trabalho, seus filhos, dinheiro... Essas coisas, meu amigo, nunca atrapalharam nossos programas. Aliás, você nem atende mais o telefone, está tudo bem?

Rodolfo forçou um sorriso.

— Digamos que estou passando por uma crise existencial — despejou o jargão. Sentia-se pouco à vontade para escancarar o que fosse.

— Ahã... Conte-me outra, Rodolfo.

— É isso mesmo, Daniel.

— Espera aí... Não me diga que você se desentendeu com Deus?

— Não insulte o Todo-Poderoso, senhor cético.

— Ih! Foi mal, desculpa. Mas... escuta, Rod. Estou há tempos querendo conversar seriamente com você. Se eu puder ajudar, basta se abrir, amigão. Você e Sofia estão firmes?

Firmes... Por dentro o peito estava dilacerado, esse era um dos desgostos.

— Olha, Daniel, pra ser sincero, não sei. Ela anda bem descontente comigo. Se fosse só isso, juro por meus filhos, eu resolveria de pronto, você sabe o quanto a amo — preferiu não contar do rompimento.

— Entendo. Crise existencial soa muito vago, Rodolfo. Pode ser mais específico?

Específico... Precisava juntar coragem. Cruzou os braços sobre a mesa, baixou a cabeça, limpou a garganta. Depois, ergueu a cabeça e desviou o olhar para um ponto qualquer.

— Cheguei ao fundo do poço, Daniel — descarregou, então.

— Sério?

— Sério.

— E como se chega ao fundo do poço, me diz, estou curioso.

— Pergunta sem nexo, sei lá. Cheguei, oras!

— Se você achou o caminho de ida, basta fazer a mesma trilha de volta.

Daniel sempre achava soluções práticas para problemas complexos. Rodolfo queria ver se fosse ele em sua pele.

— Parece simples do seu ponto de vista, mas a coisa é bem mais complicada.

— Depende de como você encara os problemas — Daniel pegou o saleiro da mesa, sacudiu o sal no guardanapo. — Percebe? — Rodolfo levantou os ombros, aquilo não fazia o menor sentido. O amigo continuou: — Eu tenho um problema, quero sal, mas nada sai. Se eu ficar aqui, maldizendo o saleiro, ficarei cada vez mais irritado, enquanto o problema continuará do mesmo tamanho.

Rodolfo acompanhava a ceninha ridícula em silêncio.

— A questão, Rodolfo — acrescentou ele —, não é o problema e sim a solução. Observe como irei resolver.

Levantou-se com aquele jeito patético e foi até o balcão. Conversou com o atendente. Mostrou ao pobre rapaz o "grande problema" sacudindo e revirando aquele troço. Passados cinco minutos ou menos, Daniel voltou, sorridente, realizado... Encontrara a solução, trazia um novo saleiro.

Rodolfo tirou onda, aplaudindo.

— Por acaso você ensinou ao atendente como manter o sal sequinho no saleiro, Daniel?

— Ah! Só disse a ele para testar todos os saleiros antes de colocar nas mesas. Isso faz parte da hospitalidade. Aliás, essa gente deveria se modernizar e disponibilizar o sal em saquinho, muito mais prático e higiênico.

Rodolfo girou o punho, bateu os olhos no relógio, ainda faltavam dez minutos para liberarem a quadra.

Ajeitou a postura, procurando uma forma de se abrir com o amigo.

— Tá bom, Daniel. Vou contar o que tem acontecido.

Daniel pregou os olhos nele. Rodolfo se mexeu na cadeira, nada falou.

— E? — Daniel o instigou.

— Olha, meu amigo, não é fácil falar sobre essas coisas, mas... você precisa saber.

— Desembucha.

— Pra ser sincero, ando de saco cheio das doidices da Luana, você a conhece... Vive procurando meios de me extorquir. A última investida dela foi me levar à justiça, essa eu ganhei.

— Sei.

— Isso por si só já foi motivo para tirar-me o sono, mas outras coisas vêm me infernizando nos últimos meses. Meu pai continua hospitalizado por minha causa. No trabalho, a situação vai de mal a pior, não tenho cumprido as metas, por isso, perdi a oportunidade de ser promovido, negligência minha, reconheço. Sofia... nós... rompemos. Já falamos disso, não foi?

— Há tempos não conversamos, Rod.

— É... tem outras bombas... — Daniel continuava atento ao desabafo de Rodolfo. — Recebi um aviso de cobrança de uma compra feita há cinco anos. Você acredita num troço desses?

— Cobrança após cinco anos? Estou pasmo.

— Isso é parte das minhas tormentas. O pior vem agora, estou para ser despejado — Rodolfo sentiu as fortes pontadas no estômago, bufou. — Percebe como não é tão simples quanto trocar o saleiro entupido?

— Espera aí, Rodolfo, a analogia do saleiro foi para mostrar a você que problemas requerem ação. Ficar sentado, se remoendo, não vai levar a lugar algum.

A dor no estômago de Rodolfo aumentou. Ele se arrependia de ter aberto o jogo.

— É fácil dizer, Daniel. Quero ver a fórmula mágica para desfazer todo esse emaranhado. Se você é mesmo o professor sabe-tudo, então, diga-me como sair dessa?

— Eu diria, Rodolfo, se soubesse exatamente o que se passa pela sua cabeça.

Desta vez foi Daniel quem se remexeu na cadeira. Colocou os cotovelos sobre a mesa, apoiou o rosto nas mãos e continuou:

— Mesmo assim, vou expor o meu ponto de vista. Primeiro, se recebeu cobrança é porque comprou e não pagou. Segundo, as doidices da Luana são sempre as mesmas. Convenhamos, você é muito frouxo. A separação aconteceu há anos, tudo preto no branco. Que eu saiba, a pensão alimentícia é descontada do seu contracheque, então, pra mim, oh... — o dedo indicador em riste, dançava diante dos olhos de Rodolfo — isso já virou escudo para encobrir seu descontrole financeiro.

Rodolfo se sentiu espezinhado:

— Pasmado, agora, estou eu — falou e já se levantou. — Você vem todo solidário, "vamos lá amigão, se abra comigo" e só me espeta! Qual é a sua, Daniel? Se eu quisesse sermão iria à missa.

— É, Rodolfo, como sempre você não gosta de ouvir as verdades. Me cansa a maneira como você supervaloriza os problemas como se fosse a única pessoa do mundo a passar por isso. Por acaso, você esperava que eu fosse passar a mão na sua cabeça? Ora, vá te catar.

O sangue subiu, Rodolfo podia sentir seu rosto em chamas. Então, apoiou as duas mãos sobre a mesa, fulminou o amigo com o olhar.

— Você se superou, Daniel. Chega!

Pegou as coisas, saiu pisando fundo. Mesmo de costas, cheio de raiva, ainda pode ouvir as últimas palavras de Daniel:

— Ei... continua fugindo, idiota!

Nem olhou para trás.

Nisso ele concordava. Idiota, idiota mesmo, por acreditar que aquele babaca tinha mudado. Merda! Merda! Chutou o chão duro enquanto andava.

Sempre a mesma chatice, lição de moral. Amigo... *muy amigo*.

Por dentro o estômago revirava.

Conversinha fiada. "Ah, Rodolfo, a questão é simples, dê atenção à solução em vez do problema". Mania de menosprezar os problemas alheios. "Vá te catar, você, Daniel!"

De repente, ele parou. O zumbido infernal das vozes internas a rebater as asneiras de Daniel desnorteava Rodolfo, precisava calar aqueles ruídos.

Olhou à direita, depois à esquerda para se localizar. Seguiu à esquerda, o estacionamento estava próximo.

Já no carro, pôs-se a pensar... Deveria ir para casa direto e ficar longe da intromissão dos outros ou deveria se arriscar e telefonar para Sofia?

Ai, que porre! Caiu de cabeça na direção. O Daniel conseguiu mais uma vez usar o talento dele para tirar Rodolfo do sério.

Como sempre, o celular tocou na hora mais imprópria. Tocou até cair na caixa postal. Olhou, era o número da mãe.

Retornou.

— Mãe?

— Rodolfo, querido, amanhã cedo seu pai vai receber alta.

— Enfim, uma boa notícia, mãe!

— Estou pensando em reunir todos em casa para recebê-lo. Fazer almoço de boas-vindas. Espero por você, meus netos e Sofia.

Rodolfo também não revelara o rompimento do namoro à família.

— Ih, mãe, é dia de evento na escola deles, fiquei de acompanhá-los. A senhora não acha que o papai preferiria ficar sossegado em casa?

— Filho, o Lício é na dele, mas fica contente em ver a família reunida.

— A senhora tem razão. Vamos fazer o seguinte, vou falar com o Carlos Henrique. A Vanessa também vai à caminhada. Os meninos poderão ir com eles. Daí, eu busco o papai no hospital.

— Ah, convida Daniel e Ariadne. Eles são considerados da família, seu pai vai...

Rodolfo a interrompeu:

— Mãe, é mais elegante a senhora mesma convidar. Olha, tenho de ir agora.

Não faltava mais nada! Embora feliz com a recuperação do pai, Rodolfo podia visualizar aquele bando de gente reunido na casa. A começar por Carlos Henrique, o marido chato da Fernanda, sempre do contra. O outro cunhado, Paulo Roberto, metido a galã, não pararia de contar as aventuras dele nos esportes radicais, a única coisa que sabia fazer na vida. Mariana, a irmã mais nova, esposa do babaca, apoiaria as idiotices dele. A mãe, como sempre, estaria preocupada em agradar a todos, correndo para lá e para cá na tentativa de atender aos gostos de cada um. Terminaria o dia exausta, sem dar atenção a ninguém. O pai, caladão, ficaria na cadeira de leitura, no canto da sala, lendo jornais. De vez em quando, correria os olhos, por cima dos óculos, para acompanhar o ritmo frenético que transformara seu lar, doce lar, num verdadeiro circo. Isso quando ele estava bem.

Ah, Rodolfo quase se esquecera da Ariadne, esposa do Daniel. Ela, sim, pessoa de bom senso, conciliadora, bem diferente do chato do marido. Para não dizer que seu sábado estaria destruído, além de poder bater papo com ela, teria a companhia dos filhos após o evento na escola.

Oh, Deus! Mesmo assim, seria capaz de pagar qualquer preço para se ausentar da reunião de família. Mas como se safar das boas-vindas ao pai, depois de quase quarenta dias hospitalizado? Apesar dos pesares, ele respeitava o pai, precisava se desculpar com ele. Lembrou-se, outra vez, que o poder da mudança estava nele.

Que assim fosse!

Capítulo 46

No dia seguinte, manhã de sábado, quase dois meses depois do acidente, Rodolfo trouxe o pai para casa. A mãe conhecia bem os gostos particulares do marido, apesar do jeito durão, de poucas palavras, ele apreciava ver a casa cheia. E como nada acontecia ao acaso, parecia providencial o evento promovido pelas escolas, pois os cunhados Carlos Henrique e Paulo Roberto foram acompanhar Raphael, Thiago e a sobrinha Vanessa na caminhada solidária em prol da consciência verde, ficando em casa o núcleo familiar.

A mãe, Mariana e Nanda finalizavam as coisas na cozinha. Enquanto, o pai e ele permaneciam na sala como dois estranhos, sem assunto. Rodolfo folheava o jornal, de vez em quando levantava a cabeça, espiava o pai. O olhar fixo dele na direção da janela inspirou Rodolfo a convidá-lo para tomar sol no quintal.

– Estou mesmo precisando disso, Rodolfo – respondeu o pai.

Rodolfo dobrou o jornal, prendeu-o debaixo do braço, ajudou Lício a se levantar e enlaçou o braço do pai em seu pescoço. Ele ainda estava fraco. Andaram devagar até o cantinho dos namorados, debaixo do ipê-rosa. Tudo o que Rodolfo mais queria era desfrutar da companhia do pai a sós, sem risco de interrupção por parte dos outros. Seria a chance de se redimir... Passava da hora de limpar as mágoas incrustadas no peito.

Mas, ali diante dele, era difícil tocar no assunto, ensaiou tanto...

Entre eles estava o jornal. O corriqueiro seria o pai pegar os cadernos e devorá-los, no bom sentido da palavra. O braço engessado tirava-lhe a mobilidade, foi quando Rodolfo decidiu oferecer-lhe ajuda.

– Pai, quer que eu leia o jornal para o senhor?

Ele acenou que sim e completou:

– Se isso não for atrapalhar você, filho. Eu gostaria.

Apesar do convívio pouco afável dos dois, Rodolfo conhecia as manias dele. Para o pai, acompanhar as tendências do mercado no Brasil e no mundo era um ritual obrigatório. Isso levou Rodolfo a abrir o caderno de economia primeiro, depois passaram para a política e, por fim, futebol, a paixão.

— Ih, pai, seu time vai mal.

— O nosso, você quis dizer.

— Tem razão, pai. Apesar da fase ruim, esse é o meu time do coração.

— Sabe, Rodolfo, nosso time vai mal por causa da politicagem nos clubes. Bons tempos aqueles do futebol arte. Aquilo sim era um espetáculo para se ver. Mas enquanto os dirigentes dos clubes não mudarem a postura, nem técnicos, nem jogadores serão capazes de operar milagres.

— De novo o senhor está com a razão. Essa rixa interna tem prejudicado o bom desempenho do nosso time.

Por falar em rixa, tinha chegado a hora de acabar com a deles. Rodolfo fechou o jornal por um instante, respirou fundo, encheu-se de coragem para falar seriamente com o pai.

— Pai, eu...

— Lício, Rodolfo — ouviu a voz da mãe avançando em direção a eles. Engoliu em seco. Droga! Não foi desta vez.

— Diga, querida — respondeu o pai em tom amoroso, diferente de outros tempos.

— A mesa está posta, vamos?

— Já vamos, Dora — respondeu ele. — Pode me ajudar, filho?

Rodolfo se recompôs, entregou o jornal à mãe, ela saiu na frente. Ele ajudou o pai a se levantar, enlaçou de novo o braço do pai em seu pescoço.

— Como está se sentindo, pai?

— Feliz por estar de volta, Rodolfo. Ah, obrigado por me fazer companhia. Sabe, filho, hospital é um ambiente que não me traz boas recordações.

— É?

— Você se lembra de quando quebrou a perna ao fugir pela janela?

Opa! A memória dele voltou.

— Sim... — respondeu com a voz embargada. Aquele episódio marcou sua vida, relembrar só reforçava a mágoa dentro do peito.

— Você deveria ter uns nove anos. Sabe, filho, eu dei mais trabalho a sua mãe do que você estatelado no chão.

— Como?

— Apaguei, Rodolfo. Apenas me lembro de ter chamado por sua mãe.

A revelação o deixava perplexo. Precisava falar qualquer coisa.

— Sério?

— Sério, filho. Isso não foi tudo, tentei visitá-lo no hospital, não consegui passar da recepção. Me sentia mal toda vez que ia ver você.

— Agora posso entender o meu temor a hospitais — comentou um pouco mais descontraído. — Devo ter puxado ao senhor, não foi pai?

— É possível, é possível, Rodolfo.

— Acho que fiquei na UTI não mais que cinco minutos, tive um apagão geral, pai.

— Pelo menos entrou, filho — ele riu contido e seguiu. — É, Rodolfo, certas coisas os filhos não deveriam puxar aos pais.

— Pai, o senhor se lembra de ter ido me visitar na empresa?

— Perfeitamente, filho. Foi o dia do acidente. Eu andava muito distraído. A Dora vivia chamando a minha atenção. Por que a pergunta?

— Nada, pai.

Já na sala, ajudou o pai a se sentar à mesa. Naquele instante, pulsou dentro de Rodolfo o desejo de abraçar o pai, mas ficou sem jeito. Saiu para lavar as mãos.

No lavabo, a água jorrava em suas mãos, enquanto o espelho refletia as marcas na face, o olhar opaco. Talvez a Nanda tivesse razão, ele se afastara do pai por causa daquele acidente da janela. Aquilo foi o marco de seu desafeto. A imagem guardada na mente foi a de ausência do pai quando ele mais precisava de ajuda. Rodolfo estava lá, jogado no chão, todo quebrado, e o pai nada fez. Passaram-se trinta anos... Quantas mágoas acumuladas por falta de diálogo. As coisas ficavam mais claras agora. Rodolfo julgava o pai pela frieza, mas ele também lhe era indiferente. Puxa vida, poderia ter desfrutado mais da companhia do pai. Oh, Deus, precisava dessa situação de quase morte para despertar? Se fosse essa a chance de recomeçarem a relação entre pai e filho, ele Lhe seria grato mil vezes.

Retornou à sala. Os olhares se cruzaram. Corria uma lágrima na face do pai. Rodolfo se esforçou para não chorar também.

Bastou todos se sentarem à mesa, a campainha tocou. A turma chegava da caminhada. Foi Rodolfo quem abriu a porta.

Carlos Henrique, o primeiro a entrar, deu-lhe aquele abraço apertado que seria lembrado pelo resto do dia. Não bastasse isso, o cunhado ainda estapeava suas costas com as mãos pesadas. Sinceramente...

— Como está, amigo? — perguntou Daniel, que também chegava naquela hora com a esposa Ariadne.

— É... Indo.

— Precisamos conversar, Rod.

— Precisamos.

Rodolfo se afastou do amigo, abraçou Ariadne demoradamente.

— Anda sumido, Rod, tenho sentido sua falta em casa — disse a amiga.

— Problemas, minha querida amiga, problemas...

Depois, Rodolfo se arrastou até o outro cunhado, metido a esportista radical, Paulo Roberto.

— E aí, cunhado? — disse Paulo Roberto. — Eu quero saber quando você vai saltar de paraquedas comigo?

Ele estufou o peito, exibindo o bíceps bem definido na camiseta justa. Ridículo!

— Paraquedas, Paulo Roberto? Esqueça... Esportes radicais é para pessoas como você.

— Na real, Rodolfo, é preciso ter muita coragem para desfrutar o voo. Sabe o que é perder a noção de tempo e espaço por quase um minuto caindo a duzentos e vinte quilômetros por hora? Tem ideia da adrenalina? Só depois o paraquedas se abre a cinco mil e quinhentos pés de altura. Os medrosos jamais conhecerão a beleza e o poder do salto.

— Não tenho nenhum interesse nisso.

Palhaço! É o que deveria responder a esse mané.

— Ah, confessa, Rodolfo, você tem é medo de altura.

Rodolfo sentiu o rosto incendiar ao ouvir aquelas babaquices do cunhado. Queria revidar. Em vez disso, apenas o encarou, baixou a cabeça e foi se encontrar com as crianças.

— Tio, você perdeu a maior caminhada de todos os tempos — disse Vanessa, enquanto se pendurava no pescoço de Rodolfo e o enchia de beijos. — Olha a minha medalha!

— Muito bonita, parabéns, querida!

— Olha a minha, pai — disse Raphael.

— Uau, estou orgulhoso de você, filho. Cadê a sua, Thiago?

Ele tirou do bolso a medalha, como se não desse importância àquilo.

— Muito bem, filho, gostei de ver.

Naquele instante, Mariana ordenou aos sobrinhos que fossem tomar banho antes do almoço. E, claro, eles não gostaram nada.

— Ah, tia! Deixa isso pra depois – respondeu Raphael.

— Nada disso, já para o banho. Você também, Thiago. E não adianta ligar o chuveiro e fingir que tomou banho, quero ver se lavou as orelhas, viu?

Vanessa foi a única a seguir direto para o banho, sem reclamar.

Passados quinze minutos, todos estavam acomodados na grande mesa.

Daniel sugeriu um brinde ao Sr. Lício. Todos levantaram os copos, dando boas-vindas e desejando-lhe muita saúde.

O barulho dos pratos e dos talheres abafava as conversas paralelas. Daniel e o velho Lício conversavam animados, cena rara de se ver. Vanessa, Raphael e Thiago comiam rápido, enquanto falavam das diversões na Disney e da caminhada pela consciência verde. Rodolfo tentou dialogar com Ariadne. Reunião familiar era esse tormento, todos tagarelavam ao mesmo tempo.

Quase todos já se sentiam bem servidos. Fernanda e Mariana começaram a recolher os pratos para abrirem espaço para a sobremesa.

Em seguida, trouxeram da cozinha: pudim de leite, torta de morango, sorvete e frutas.

— Eu quero sorvete de chocolate – disse Raphael.

— Pra mim, torta de morango com sorvete de creme – pediu Thiago.

Vanessa olhou tudo, fez cara de entojada e torceu o nariz, como se nada ali fosse bom o suficiente para seu paladar. Então, emendou:

— Custava terem feito mousse de chocolate?

O pai, Carlos Henrique, passou-lhe o rabo de olho. Ela pegou o *netbook* e se afundou na poltrona.

Depois de passar aquelas horas com a família, Rodolfo descobriu que tudo ali era como deveria ser. Talvez ele tivesse desaprendido a conviver em família, embora sentisse um amor profundo pela mãe, irmãs e sobrinha. Quanto ao pai, só agora aprendia a amá-lo.

Naquele instante a angústia comprimiu seu peito. Qual seria a razão disso? Estaria vivendo uma crise de identidade ou os resquícios da indiferença com o pai? Poderia ser um pouco de cada. A vida valia muito e passava rápido demais para ser desperdiçada com rancores. Aquilo tocou Rodolfo. Ele queria ter o poder de mudar a realidade.

Depois que todos foram embora, Rodolfo ficou de novo cara a cara com o pai, enquanto a mãe cuidava de preparar lanchinhos para eles na cozinha. Agora ou nunca, encheu-se de coragem e perguntou sobre o dinheiro.

– Dinheiro? – respondeu o pai.

– O senhor me ofereceu, está lembrado? Disse que entraria em sua conta em três dias.

– Onde estou com a cabeça, filho. O dinheiro deve estar mofando na conta e você, aqui, precisando dele. Me ajude a ver a conta no *netbanking*.

– Na verdade, eu já resolvi parte dos problemas, pai. Só perguntei por perguntar.

O pai paralisou o olhar em Rodolfo, depois disse:

– Ainda assim, quero ver se o dinheiro entrou e aplicar, ora! Dinheiro parado na conta é prejuízo.

Rodolfo, ajudou o pai a se levantar. Enlaçou o braço dele em seu pescoço pela terceira vez no dia.

Entraram no escritório. Ele ligou o computador, esperou o sistema carregar, abriu o Explorer, a internet estava fora do ar.

Estava preste a ligar na operadora, quando se lembrou das recomendações habituais: desconectar o modem e reconectar em seguida. Fez o procedimento, a internet voltou. Rodolfo abriu o site do banco. O pai, já sentado diante da máquina, acessou a conta.

No extrato, nenhum dinheiro além de seus rendimentos.

– Pai, o senhor tem certeza de que esse dinheiro entraria em sua conta?

– Absoluta! – o senhor Lício colou os olhos, desta vez, na estante. Bem no topo, tinha um livro de capa preta. Rodolfo o acompanhou. – Tá vendo aquele livro? Pega para mim!

Rodolfo esticou-se, alcançou o livro de capa preta e puxou. De dentro, caiu um envelope tamanho ofício.

– Abra o envelope.

Rodolfo tirou de dentro do envelope o que parecia ser um contrato.

– Que documento é esse, pai?

– Leia!

Rodolfo não entendia por que o pai escondia aquele negócio da mãe. Ele tinha se tornado sócio de uma empresa sediada na China. Eles dois sempre foram tão cúmplices... Por qual motivo ele guardaria segredos dela? De fato, a data para o crédito dos lucros estava de acordo com a informação do pai. Só que não foi efetivado. O pai teria levado calote?

— O senhor está certo, pai, o dinheiro já deveria estar em sua conta. Aqui tem um telefone, se o senhor quiser, amanhã mesmo eu telefono nessa empresa.

O pai abaixou a cabeça, nada respondeu. Minutos depois, disse:

— Vá lá na cozinha! Pergunte a sua mãe se chegou alguma correspondência em meu nome enquanto estive hospitalizado.

Rodolfo saiu do escritório, minutos depois, retornava com dois envelopes endereçados ao pai. O primeiro era do clube em que eram sócios. O outro, com data recente, era da tal empresa. Entregou-os ao pai.

— Pode abrir, filho!

Rasgou com cuidado a lateral do envelope. Tirou o papel. Leu em silêncio, depois disse:

— Entendi, pai. A sua conta corrente acusou erro. Eles querem confirmar o número. Mas... de quanto estamos falando, pai?

— Isso não importa, Rodolfo. Agora, confere o número da minha conta, vou enviar *e-mail* a eles agora.

Papai de segredinhos!

Em que tipo de negócio ele se meteu? Por qual motivo a mãe não poderia saber? Isso não era justo, nem correto. Rodolfo queria abrir o jogo com a mãe, mas essa era a sua chance de se aproximar do velho Lício. O pai era ético demais para entrar em negócios ilícitos. Se isso lhe fazia bem, ele o apoiaria.

Capítulo 47

Após o fim de semana na companhia dos pais, Rodolfo percebeu que exibia expressões mais suaves, enquanto apreciava seu semblante no retrovisor do carro. O brilho nos olhos comprovava isso.

Logo que chegou à empresa, foi direto à copa compartilhar as novidades com a "mentora" copeira.

— Tem café fresco aí, Francisca?

— Fresquinho, seu Rodolfo. Sente-se, vou servir você.

Ela, ainda mais cuidadosa com o pupilo, forrou a mesa, depois trouxe a xícara de café e um pedaço de bolo de laranja.

— Gostou de minha camisa nova, Francisca?

— Virgem Maria, chique demais, seu Rodolfo.

— Presente de Sofia. Ganhei dela há tempos. É a primeira vez que uso.

— Essa moça tem bom gosto. E digo mais, ela gosta muito do senhor. Essa marca por acaso eu conheço, é cara de doer.

— É... Ah, já ia me esquecendo, Francisca. Papai já está em casa, graças a Deus.

Ela fez o sinal da cruz três vezes e balbuciou qualquer coisa incompreensível, devia ser o seu jeito de orar, agradecer as graças.

— Misericórdia, seu Rodolfo, como ele está?

— Bem. Muito bem — ele limpou a garganta e continuou: — Eu quase consegui cumprir o princípio do perdão.

— Quase?

— É, na verdade, minha mãe apareceu bem na hora. Mas a gente ficou junto o fim de semana sem brigas.

— Isso não resolve a situação. É só tapa-buraco. Quem garante que no próximo encontro as coisas não desandam de novo?

— Para de agourar, Francisca. Isola esses pensamentos. Você me ensinou a ser positivo e agora vem com essa?

— Pensar positivo é diferente de tapar o sol com a peneira, fingir que está tudo bem. Tem de tomar consciência de seus hábitos e depois mudar. Mudar aqui dentro — ela enfiou o dedo gordinho no peito de Rodolfo. — Presta atenção! A tarefa será cumprida quando o senhor fizer o que deve ser feito, perdoar seu pai e ter o perdão dele — Francisca adotou um ar reflexivo. De cenho franzido ela o encarava, depois, continuou: — Só venha falar comigo quando tiver novidade.

Ah, essa mania de Francisca de lhe dar ordens era dura de engolir. Rodolfo queria confrontá-la, mas conteve-se. De certo modo, pequenos resultados de suas ações começavam a aparecer, as finanças davam sinal de melhoria, tinha conseguido reduzir as despesas nos cartões de crédito, as parcelas do apartamento estavam em dia, a meta do mês, depois de meses abaixo do previsto, atingia o esperado. Na verdade, muitos ganhos. Daria o voto de confiança à copeira.

No fim daquela tarde, faltando quarenta minutos para Francisca ir para casa, Rodolfo foi outra vez à copa buscar informações mais consistentes sobre os princípios, ele queria conhecer a experiência da copeira a respeito do perdão.

— Está livre, Francisca?

— O senhor tem novidades?

— Tem uma coisa me intrigando nesses princípios.

— Se eu puder ajudar.

— É sobre o perdão.

— Ah, não me diga que vai dá pra trás.

— Nada disso, Francisca. Eu entendi a importância do ritual de desapego com relação ao meu pai. Agora, quando a pessoa a quem eu devo pedir perdão já não faz mais parte da minha vida, eu não vejo sentido em praticar o desapego.

— Virgem Maria, seu Rodolfo, a história vai longe. Chegue aqui mais cedo amanhã, prometo falar tudinho, quero dizer, quase tudo.

— Mas você sabe como lidar com isso, não sabe?

— Saber, saber, eu não sei. Vou ter de procurar no caderno.

Rodolfo abaixou a cabeça. A curiosidade, a necessidade de obter mais informações o inquietava. Ameaçou sair, deu passos até a porta. Depois voltou e insistiu na questão.

— Você teve experiência com isso, Francisca?

— Estou tão de bem com a vida, seu Rodolfo! Se tive experiências assim nem me lembro, por isso, vou ler de novo os princípios. A mentora era muito generosa, sabe, me ensinou tudinho o que sabia.

Maria Francisca organizava as coisas para sair enquanto falava. Rodolfo calou-se por instantes. Ele jamais pediria perdão à Luana como recomendava os princípios. Pouco importava o convívio entre eles. Rodolfo só queria limpar as mágoas do coração. Das duas uma, ou Francisca mostrava a ele as anotações dela no caderno ensinando como proceder nesse caso ou ele próprio criaria sua própria regra. O que estava fora de seu propósito era praticar o desapego com a ex do mesmo jeito que ele pretendia fazer com o pai.

— Amanhã cedinho a gente conversa, Francisca — ele disse, abaixou a cabeça e retornou à sua sala.

Capítulo 48

No outro dia, Rodolfo chegou bem cedo à empresa, antes mesmo de Maria Francisca. A conversa do dia anterior precisava ser concluída. Sua sede era saber como a mentora conduziria o princípio do perdão. Outra curiosidade era entender a transformação na vida da copeira em apenas três anos. Ela tinha acabado de comprar o carro dos sonhos, de último tipo, à vista!

Passados quinze minutos, ela cruzou o corredor.

— Francisca?

— Caiu da cama, seu Rodolfo? — ela respondeu e continuou andando em direção à copa. Ele a seguiu.

— Você pediu para eu vir mais cedo, aqui estou.

— Verdade. Eu não tive tempo de ler ontem, mas eu trouxe o caderno. Vou passar um café, a gente procura juntos.

Entraram na copa. Ela guardou a bolsa no armário, deixou a sacola em cima da cadeira. Pegou a cafeteira, preparou-a para passar o café. Ligou o interruptor. Depois pegou a sacola, abriu e tirou o caderno que mais parecia material de aluno de pré-primário na opinião de Rodolfo. Ela folheou, deu uma risadinha e disse:

— Tá surradinho o caderno, né, seu Rodolfo? Eu precisava escrever isso no computador, mas ainda estou aprendendo a mexer com essa tal de tecnologia.

— Precisa mesmo. Daqui a pouco nem você conseguirá entender o que está escrito.

— Ah, seu Rodolfo, o mais importante está tudo aqui, ó! — ela bateu o dedinho indicador na cabeça.

— Concordo em parte, o que está na sua cabeça só você é capaz de fazer. Faça como a sua mentora, ensine a alguém.

Ela o encarou por cima e riu.

Depois de correr todas as páginas, voltou ao começo. Rodolfo a acompanhava sem desgrudar os olhos do velho caderno.

– Quer que eu procure, Francisca?

– Acho que achei, seu Rodolfo! Lê isso aqui, enquanto eu pego o café pra gente.

Outra dimensão do perdão

Guardar rancores, mágoas, ressentimentos faz mal a quem os guarda e não a quem os provocou. É preciso compreender as razões que desencadearam esses sentimentos ruins para se desfazer deles. As pessoas, em geral, têm dificuldades em perdoar. Elas acreditam que estão se humilhando perante o outro ao praticar essa arte. A boa notícia é que essa prática pode ser silenciosa, você com você mesmo. Não é fácil praticar, nós reconhecemos, mas é possível quando se tem a predisposição em desapegar-se dos sentimentos e libertar-se dos maus pensamentos.

Nosso propósito neste princípio do perdão aborda duas situações distintas. A primeira delas, já explicada anteriormente, é a respeito de relacionamentos com pessoas próximas, referimo-nos ao núcleo familiar. A segunda é indicada para casos em que a mágoa surge cada vez que uma situação vem à tona. O estado emocional se altera, por exemplo, só de ouvir um nome igual ao da pessoa causadora da mágoa.

A mudança está em você! Para libertar-se desses sentimentos deverá seguir três passos tendo uma condição em mente: não julgar o comportamento do adversário, ou seja, deve-se aceitar os fatos como realmente aconteceram, sem interpretá-los.

Para obter melhores resultados, escolha um lugar tranquilo, faça relaxamento para tomar consciência do seu momento, do seu desejo de mudança. Ao se sentir pronto, inicie o exercício. Repita quantas vezes forem necessárias. Observe as reações do corpo. Se quiser, atribua uma nota de zero a dez antes de começar e, ao finalizar, dê outra nota aos sentimentos e compare-as. A intenção é reduzir o impacto, quanto menor a nota, mais próximo estará de libertar-se das mágoas, dos ressentimentos.

Agora, imagine um filme sendo exibido à sua frente. Os atores são você e a outra pessoa ou outras pessoas. Preste atenção nas posturas de cada um, como respiram, qual o tom de voz, quais imagens você pode ver, quais sons pode ouvir, além dos sentimentos. Observe se o ambiente está claro ou escuro, se tem brilho, se está opaco. Perceba todas as evidências. Em seguida, faça o passo 1.

Passo 1 – Entre no filme, assuma seu personagem. Você está associado à situação, diante da pessoa ou pessoas, revivendo todos os sentimentos, como se estivesse voltado no tempo. Nesta posição, como você percebe o outro? Como você se percebe? Quais são as sensações em seu próprio corpo? Como você se sente? Preste atenção, também, nas palavras, no tom de voz, na postura do outro personagem. Faça um mapeamento completo da situação: o que vê, ouve e sente. Como são as imagens? Coloridas? Preto e branco? Tem luminosidade? São opacas? Capte todas as evidências da situação em que você é o personagem.

Passo 2 – Saia do filme. Relaxe. Agora, entre no papel do outro personagem, também associado à situação. Vendo o que ele vê, sentindo o que ele sente, ouvindo o que ele ouve. Assuma a mesma postura dele, registrada por você na cena anterior. Qual é a intenção positiva por trás do comportamento desse personagem? A intenção positiva poderá ser proteção, insegurança, prevenção, alerta, entre outras. Para descobrir o significado é preciso entrar nesta posição isento de julgamentos ou rótulos. Você é a pessoa, está na posição dela, permita-se pensar no modelo de mundo dela: sentimentos, sensações no corpo, comportamentos.

Passo 3 – Saia de novo do filme. Relaxe. De um ponto neutro, você dissociado da situação. Apenas um expectador. Observe o filme com os dois personagens. Procure observar, sem julgar. Você, nesta posição, tem a percepção das duas partes. O que você vê, escuta e sente, quando está fora da situação?

Agora que compreendeu a intenção positiva por trás do comportamento daquela pessoa, entre outra vez no seu personagem, no **passo 1**, sinta o que mudou. Reavalie as sensações em seu corpo, seus sentimentos. O que você gostaria de ter dito a

> esse personagem quando aconteceu a cena? Diga, agora, mentalmente. Como se sente depois de reviver a experiência? Depois, saia do seu espaço e ocupe a posição do outro personagem, do **passo 2**. Sinta o impacto da mensagem recebida pelo personagem do passo 1. Depois de mapear os sentimentos, saia para o espaço neutro, **passo 3**.
>
> Caso a magoa continue forte, refaça os passos quantas vezes forem necessárias. Procure identificar outras intenções. Compreenda qual foi o aprendizado.
>
> Após concluir os passos, imagine-se no futuro se encontrando com a pessoa. Avalie como está o seu estado emocional. O melhor resultado é o seu. Você de coração leve, livre dos sentimentos causados por mal-entendidos.

— Entendi, Francisca. Ufa! Preciso de outro café.

— Já lhe trago — Francisca encheu outra xícara de café. — Funciona, viu? Eu nunca mais permiti que picuinhas de outras pessoas fizessem mal a mim. A mentora dizia uma frase mais ou menos assim: "Quem nos irrita, nos domina". Daí eu aprendi a não me irritar, quem domina a minha vida sou eu.

— "Quem nos irrita, nos domina"— Rodolfo repetiu a frase sábia. — A mentora era muito sábia, hein Francisca?

— O senhor não tem noção da sabedoria daquele anjo.

— Só mais uma coisa, Francisca. Conte-me como a sua vida se transformou em tão pouco tempo.

— Determinação, seu Rodolfo. Eu tinha muitos sonhos esquecidos na memória, a mentora me fez ir atrás deles — respondeu e começou a andar em direção à saída da copa.

— Determinação? — Rodolfo saltou da cadeira e foi atrás da "mentora". Ele insistiu: — Me explica como.

— O senhor é teimoso, hein, seu Rodolfo? — ela colocou a mão na cintura, balançou a cabeça para cima e para baixo. — Não foi nada fácil. Naquela época, o que eu mais tinha eram dívidas. O Chuchu não parava em emprego, vivia se queixando de dor nas costas. Hum... Daí, no fim daquele ano, com as dívidas quase em dia, me ofereceram uma banca na feira. Condições pra lá de boas. Decidi fazer um financiamento no banco, fechei negócio. Depois, enquadrei o Chuchu, era hora de ele dizer a que veio. Ele teve de arregaçar as mangas para tocar a banca na feira três vezes por semana.

— Ah, e as doenças dele?

— Pouca vergonha, seu Rodolfo, nunca vi homem mais forte – ela paralisou o olhar no carrinho, depois continuou: – Ele mudou, viu? Mudou muito. Agora, ao trabalho, seu Rodolfo. Daqui a pouco o povo chega e eu ainda não abasteci as mesas. De mais a mais, a minha história é diferente da do senhor.

Então a copeira também era dona de uma banca na feira! Muita determinação. Rodolfo iria resolver os conflitos com o pai e com Sofia, só não sabia como. Por dentro, sentia-se inseguro em dar qualquer passo. Muitas barreiras ainda bloqueavam suas ações. As viagens constantes da amada, o medo de mexer nas feridas do pai. Mas se Francisca fora capaz de obter tantos resultados praticando os princípios, ele também iria conseguir. Seguiria em frente.

Capítulo 49

Àquela altura, quanto mais ele se dedicava aos princípios, mais intensificava a culpa por ter guardado dentro de si mágoas e ressentimentos do pai durante tanto tempo. Agora que exercitava o perdão, queria logo se livrar disso. Só que faltava coragem para dizer tudo ao pai. Além disso, ele tinha o prazo de entrega do *flat* vencendo em cinco dias. Rodolfo teria de resolver essa questão com o pai se quisesse voltar a pedir abrigo na casa deles. A alternativa seria recorrer à memória da mãe quando ela estivesse sozinha em casa. Ele sabia da rotina do pai. Todas as quintas-feiras, na parte da tarde, ele costumava ir ao clube. Então, foi bater na porta da mãe naquela tarde. Ela apareceu na janela, esboçou o sorriso largo, depois abriu a porta.

— Surpresa boa, filho! Acabei de passar café, quer tomar uma xícara?

— Quero sim. Obrigado, mãe – os dois seguiram para a cozinha de braços dados. Rodolfo continuou: – Onde está o papai?

— No clube, para não perder o hábito.

Já na cozinha, se sentaram para degustarem o mais saboroso café e o famoso bolo de fubá cremoso. Dona Dora acertava a mão sempre. Depois de algum tempo, ele criou coragem para tocar no assunto que o levou até ali.

— Mãe...

— Diga, filho.

— É...

— Desembucha, Rodolfo!

— Hum... é sobre o papai. Tenho pensado muito na vida, mãe. Estou de fato incomodado.

— Você, incomodado?

— É, mãe, eu quero mudar minha atitude com papai.

— Graças a Deus! Já passava da hora, Rodolfo.

— A senhora poderia me dizer por que o papai sempre foi indiferente a mim?

— Rodolfo, querido, você deveria ter essa conversa com o Lício. Eu não sei o que se passa na cabeça de vocês dois.

— Ah, mãe, a senhora bem sabe como é o papai, a gente começa a conversar, em menos de cinco minutos nos estressamos. Ele é um grosso.

— Escuta aqui, menino, você tem mania de julgar o seu pai! Isso é falta de respeito. Você já é crescidinho, tem mais oportunidades na vida do que o Lício já teve um dia.

Quando ela disse "julgar", Rodolfo baixou a cabeça, levou a mão à barriga, sentiu uma faca afiada atravessando o estômago. Ele era, de fato, o pior dos filhos ouvindo isso da mãe. Queria botar para fora tudo o que engoliu desde criança, mas não era ela quem deveria ouvir. Continuou de cabeça baixa, sem nada dizer.

Ela continuou. Desta vez, em tom de voz mais suave, parecia ter percebido a angústia dele. A mãe confessava-lhe coisas do passado, deixando-o estarrecido. Jamais passou pela cabeça de Rodolfo qualquer dificuldade do pai em lidar com dinheiro. Ela deixava escapar que o velho Lício também acumulara fracassos financeiros.

— Sabe, Rodolfo, tenho muito orgulho do seu pai. Ele é um homem bom, amoroso do jeito dele. Por um lado, fico feliz por você querer saber mais da vida dele, mudar as atitudes. Por outro, eu lamento essa desavença, de graça, entre vocês dois.

— Difícil explicar, mãe.

— É, meu filho, você não sabe da missa um terço.

— Então, conte-me.

— Acho ainda que essa conversa deveria ser entre vocês dois. Em vez de ficar se remoendo, Rodolfo, vá direto ao ponto. Enfrente seu pai. Ele late, mas não morde. Convém perguntar a ele sobre os reveses, entender como foi a virada para reconquistar a qualidade de vida que mantemos hoje. Isso, sim, é importante você... Ah, meu filho se você soubesse!

— O papai nunca vai falar comigo sobre isso.

— Quem disse, filho? Alguma vez você já tocou no assunto com ele?

Rodolfo calou-se.

A mãe suspirou. Olhou para cima como se buscasse o termo apropriado. Continuou.

— Você e Mariana eram pequenos, não podiam entender as coisas. Já Fernanda, pobre menina, desde cedo tornou-se meu braço direito. Ela cuidava de vocês, ainda fazia outros servicinhos de casa, para eu poder ajudar seu pai a reorganizar a vida.

— Agora posso entender por que a Nanda é a protegida do papai.

— Protegida do seu pai... hum, o Lício é como é. Fernanda sabe tanto quanto você.

— Hum.

— Olha, filho, uma coisa é certa, dinheiro não aceita desaforo. Seu pai sempre soube ganhar dinheiro, mas... — ela suspirou fundo, ajeitou a postura soltando os ombros. — Naqueles tempos de abundância, ele jamais se preocupou com o futuro. Confiava demais na sorte e nos outros... Gastava sem pensar nas consequências. Eu... Eu me preocupava. Sempre separei parte do dinheiro destinado às despesas do mês para aplicar na poupança, até terrenos eu consegui comprar. Como vê, ele não controlava nada e foram essas pequenas economias que nos deram fôlego na ocasião.

— Estou pasmo. Sempre pensei que o papai fosse *expert* em gestão financeira.

— Depois do golpe, ele aprendeu. Agora preciso cuidar do jantar — aproximou-se do fogão.

Golpe?

Aprendeu a administrar as finanças depois do golpe. Qual seria a relação disso com os fracassos financeiros de Rodolfo? Estaria repetindo os erros do pai? Agora ele percebia que o velho Lício não era só o homem grosseiro e indiferente que imaginava. O pai os protegeu, amou-os ao seu modo, segundo a mãe. Rodolfo foi injusto ao julgá-lo. Queria reparar isso o quanto antes. Só que pedir perdão a ele custava-lhe a vida. Primeiro teria de cumprir os três "Ps": Perdoar a si mesmo; Perdoar ao pai e depois pedir Perdão.

A palavra golpe ainda ressoava dentro de Rodolfo. Ele queria saber mais.

— Mãe...

— Vamos mudar de assunto agora, Rodolfo?

— Ah, mãe, a senhora me conhece, a conversa não chegou ao fim. Eu quero saber desse golpe.

— Águas passadas não movem moinho, meu filho — disse, acendendo o forno.

Rodolfo alimentava a esperança de que revelações do passado pudessem ajudá-lo a dissolver os conflitos.

— Sei muito bem disso, mãe. Mas, acredite, isso é importante para mim.

— Eu já disse e vou repetir, pergunte essas coisas ao seu pai. Daqui a pouco, ele chega em casa.

A mãe não entendia, faltava-lhe coragem para encarar esse papo com o velho. Apelou. Chegou bem pertinho dela, abraçou-a e disse:

— Faz isso por mim, dona Dora. Antes do papai chegar, por favor.

— Quando você põe uma coisa na cabeça, não há quem tire, hein, Rodolfo?

— Ah, mãe...

Afrouxou o abraço, ela segurou as mãos dele.

— Promete falar com o Lício depois?

— É tudo o que mais desejo, mãe.

Soltou-a. Ela apoiou a mão na cintura, fixou os olhos nele, emendou.

— Falei do golpe daquele maldito ex-sócio de seu pai. Ele desviou todo o dinheiro da empresa para uma conta particular em um paraíso fiscal.

— Como assim, mãe?

— Ora, transferiu todo o dinheiro que também era do seu pai para uma conta particular no exterior. O que nos restou foram só as dívidas altas.

— Meu Deus, deve ter sido muito duro para o papai.

— Foi muito difícil. O Lício ficou arrasado. Mas, mesmo sofrendo, teve de reagir. Eu fiquei ao lado dele o tempo todo, fizemos varredura nos poucos investimentos que tínhamos: poupança, contas a receber, fundo de ações... mais surpresas.

— Depois de tudo isso ainda tiveram mais surpresas?

— Não é por menos a aversão de seu pai a investimentos de riscos. Ele havia aplicado uma boa quantia em ações de uma empresa promissora, seguindo as orientações daquele traste, vulgo ex-sócio. Quando apurávamos os resultados, o saldo era menos da metade do valor investido. Depois, nos desfizemos de quase todos os nossos bens para honrarmos os compromissos, principalmente pagar os empregados. Seu pai honrou cada centavo.

Inacreditável. Então era isso. O pai guardava segredos sobre o novo negócio porque a mãe jamais aprovaria outra sociedade. Conforme ela falava das perdas que tiveram, foi como se estivesse falando da experiência de Rodolfo. Agora a conversa com o pai exigia ação imediata. O temor de remexer nas feridas do pai perdera sentido. Tudo isso se refletia nele. Teria de enfrentar os medos e desmistificar as convicções.

A hora da verdade se aproximava. Rodolfo ouviu ruídos de chave destrancando a porta de entrada. O pai tinha chegado. Em vez de ir ao encontro dele, Rodolfo seguiu em direção à varanda. Minutos atrás, Rodolfo tinha se enchido de coragem para abrir o jogo com o pai, queria diluir o aperto no peito botando para fora tudo que o incomodava, limparia de vez as mágoas pedindo perdão. Mas, naquele instante, veio à mente a memorável frase de Oscar Wilde: "No início, os filhos amam os pais. Depois de um certo tempo, passam a julgá-los. Raramente ou quase nunca os perdoam". Sua posição atual, a segunda parte da sentença, sem dúvida.

— Cheiro de queimado, Dora – disse Lício.

— Aqui na cozinha não é – respondeu a esposa.

— Pensei que Rodolfo estivesse por aqui, o carro na porta é parecido com o dele.

— Deve estar na varanda, Lício.

Rodolfo se levantou e foi ao encontro do pai na sala.

— O cheiro de queimado vem da cozinha, Dora. Tem certeza de que está tudo bem?

— Deve ser lá fora, Lício.

— A bênção, pai.

— Deus o abençoe, Rodolfo.

A conversa entre eles seria agora ou nunca mais.

— Pai...

— Você está sentindo cheiro de queimado, Rodolfo?

— Estou, pai, parece vir da cozinha.

Lício saiu em direção à cozinha esbravejando com a esposa. Rodolfo seguiu atrás.

— Dora, Dora! Presta mais atenção no que faz, mulher. Tem coisa queimando aqui dentro. A sua mãe deve ter perdido os sentidos. Onde já se viu isso? A casa está pegando fogo...

Rodolfo o interrompeu:

— O senhor não pode gritar assim com ela.

— Ora, Rodolfo, aposto que ela se distraiu por culpa sua. Vocês dois quando se juntam o mundo pode acabar lá fora e nem vão perceber.

Rodolfo passou adiante do pai, aproximou-se do fogão, o forno estava aceso e dentro, a tábua de madeira que a mãe costumava guardar ali. Pobre dona Dora, estava distraída, nem se lembrou de tirar a tábua de dentro do forno quando o acendeu.

— Foi só a tábua de madeira. O senhor armou o circo à toa.

— Tá... Vou tomar banho — abaixou a cabeça e se foi.

Naquele instante, as palavras se esvaíram da mente de Rodolfo, o coração palpitava. *Oh, shit!* Como poderia abrir o jogo com essa pessoa incapaz de pedir desculpas à esposa pelas grosserias desnecessárias? "Depois de um certo tempo, passam a julgá-los". A frase de Oscar Wilde se repetiu em sua cabeça. Ele já não estava mais convicto de que poderia perdoar o pai.

Depois dessa cena de confronto, a última coisa na cabeça de Rodolfo seria, de novo, voltar a viver na casa dos pais. A mãe ficaria feliz, já o velho Lício... Pior de tudo, o clima desfavorecia qualquer iniciativa de conversa com o pai. A possível reação dele, Rodolfo conhecia muito bem. Mesmo assim, só viu uma saída, teria de se redimir.

Na mesa de jantar, o pai, calado, comia sem erguer a cabeça.

— Pai?

— Sim — respondeu sem olhar para o filho.

— Desculpa...

A voz saia sem força da boca de Rodolfo.

— Não entendi — disse o pai, erguendo a cabeça e movendo-a na direção do filho.

— Fui grosseiro com o senhor há pouco.

— Deixa pra lá.

Lício baixou outra vez a cabeça, continuou a comer. Só se ouvia o ruído dos talheres nos pratos. Rodolfo também aquietou-se. Em seu íntimo, acreditava que o pai jamais mudaria seu jeito de ser. Perderia seu tempo ao tentar entender o que se passava na cabeça dele. Parecia tão simples! Bastava ter uma conversa séria com ele, falar dos sentimentos contidos havia anos. Um perdoava o outro, depois Rodolfo pediria abrigo na casa deles. Não. Nada iria mudar. Estava ferrado! Teria de correr contra o tempo, em cinco dias terminaria o prazo para deixar o *flat*.

Instantes depois, a mãe quebrou o gelo.

— Como foi lá no clube, Lício?

— Ah, como sempre.

— O senhor está seguindo a orientação do médico? Sem cometer abusos, pai.

— Sim. Mas, cá entre nós, Rodolfo. Médicos são exagerados, eu estou muito bem.

Agora, o velho Lício tirava os traços carrancudos da cara. Mostrava o semblante mais suavizado.

— Quando seu pai fala isso dos médicos — comentou a mãe —, já sei, andou aprontando.

— Aprontando, Dora? Desde quando jogar tênis é aprontar? Ganhei todos os *sets*. Querida, estou realmente em forma. Aliás, quero desafiar você, Rodolfo. Quando vai jogar uma partida comigo?

— Nossa! Põe desafio nisso. Estou muito fora de forma, pai.

— Pois vou aproveitar sua má fase, marcarei esse desafio logo, logo. Assim estarei em vantagem.

O pai ria desajeitado.

— Nem me fala em má fase.

— Ih, filho, eu conheço você — disse a mãe. — Fica tempos sem treinar, depois ganha todas. Seu pai é quem deve se preparar para enfrentar você.

— Ei, Dora, não aposta mais as fichas em mim? — perguntou o pai.

— Ah, mãe, são tantas coisas acontecendo ao mesmo tempo.

— Como? — Dora e Lício perguntaram juntos.

— Vocês conhecem parte dos problemas, em breve terei de entregar o *flat*. Faltam cinco dias, ainda não tenho para onde ir.

— Entendo — o pai anuiu. Baixou a cabeça. Permaneceu assim por minutos.

— Olha, pai... Mãe, vocês não precisam se preocupar. Eu... — engasgou-se. — Pedi para ficar aqui por seis meses, isso foi no passado. Não quero incomodá-los de maneira alguma. Sofia ofereceu-me o apartamento dela, mas... rompemos.

A mãe, atenta aos movimentos de ambos, mantinha-se em silêncio. O pai ergueu a cabeça, como de hábito, limpava a garganta, e colocou as duas mãos sobre a mesa. Desta vez, Rodolfo esperou, sem receio, o desabafo do velho Lício.

— Rodolfo — disse o pai —, eu sinto muito por sua má fase. Sinto por Sofia. Pensei que se casariam.

— Também pensei, pai.

— De certa forma, Rodolfo, eu me responsabilizo por seus problemas. Fui um pai preocupado em dar o melhor a vocês, mas não os ensinei o pulo do gato. Nunca orientei você ou suas irmãs sobre planejamento.

Evitei falar das dificuldades impostas pela vida, de como devemos nos blindar, superar as más fases. Sabe...

Rodolfo o interrompeu.

— A responsabilidade é toda minha, pai. O senhor fez o que achava certo.

A mãe saiu da mesa. Foi preparar o café e buscar a sobremesa. Rodolfo a seguiu com o olhar. Ela fazia o "em nome do pai", parecia implorar a Deus proteção a eles dois.

— Agora não é hora de decidirmos de quem é a culpa. Você precisa de abrigo. Nós vamos abrigá-lo. Muda já para cá, fica o tempo que precisar.

— Tranquilo, pai. Eu vou me virar.

— Rodolfo, olha para mim — ele obedeceu. — Filho, eu estou pedindo. Pega suas coisas e venha morar conosco. Amanhã mesmo, a Dora arruma o seu quarto.

— Obrigado, pai. Não sei o que dizer.

— Diga que aceita.

Naquele instante, Dora retornou com a garrafa de café e o pudim de leite condensado. Pousou na mesa as guloseimas. Rodolfo percebia o brilho nos olhos da mãe. Ela sentou-se, segurou as mãos dos dois, respirou e disse:

— Lício... — disse ela, movendo o rosto para o marido. Deu-lhe uma piscada. — Rodolfo... — colou os olhos no filho, apertou-lhe a mão e continuou: — Esse é o momento mais feliz da minha vida. Deus ouviu as minhas preces.

Lício e Rodolfo se entreolharam, depois, juntos, colaram os olhos nela. Dora abriu um leve sorriso, suspirou de novo, soltou-lhes as mãos. Levantou-se, apoiou as mãos no encosto da cadeira, declarou:

— Eu amo vocês! Se hoje fosse o meu último dia de vida, eu morreria realizada.

"Milagres são naturais, quando não acontecem, alguma coisa saiu errada."

Rodolfo se lembrou do mantra repetido tantas vezes por Sofia. Ele jamais acreditou que o pai fosse capaz de reconhecer os próprios erros. O pai reconhecia, e Rodolfo? Agora sentia necessidade de aprofundar a conversa com o velho Lício, queria compreender o modo dele de enxergar o mundo, saber o que o movia. Além disso, poderia descobrir como o pai saiu do endividamento e voltou a ter o mesmo padrão de vida de antes. Se Rodolfo voltasse a morar na casa dos pais, teria bastante tempo para investigar seu passado.

Capítulo 50

Já em casa, bateu forte tristeza. Rodolfo observou o *flat*. As memórias cultivadas naquele ambiente o impediam de agir, ele precisava começar a embalar os pertences. Mas não embalaria os momentos de prazer com a amada Sofia, estes ficariam ali para sempre. No silêncio, pôde ouvir a gargalhada dela. Onde Sofia estaria a essa hora?

Voltar a morar com os pais, ainda que fosse temporário, dava-lhe a sensação de retrocesso. Retrocesso, de certo modo, necessário para equilibrar de vez sua vida. Afinal, esse era um de seus maiores propósitos.

Ele abria e fechava as gavetas da cômoda sem nada pegar. Arrastava-se de um lado para o outro como se aquilo fosse alongar o prazo para abandonar o flat. De repente, ficou estacado no meio da sala, olhar paralisado. Foi quando deixou-se cair no sofá, pegou o controle remoto, zapeou pelos canais sem fixar em nenhum deles.

Por que tinha de terminar assim?

Capítulo 51

No dia seguinte, recebeu boas notícias do corretor. Ele pediu a Rodolfo para passar na casa da Luana logo que saísse do trabalho. Ela, enfim, havia concordado em assinar o compromisso de venda do apartamento.

Quando lá chegou, Luana questionava o corretor:

— Você tem certeza de que esse é o valor mínimo?

— Olha, dona Luana – disse o corretor. – Essa região está bastante valorizada, inclusive, tenho dois clientes interessados na compra. Eles querem saber se poderão vir aqui no fim de semana.

— Se Rodolfo vier junto, tudo bem. Não vou deixar qualquer um entrar aqui.

— Hum – disse Rodolfo.

— Vai acompanhar o corretor ou não vai? – ela o intimidou.

— Sábado próximo não posso, Luana. Lembra? É o meu fim de semana com os meninos, combinei de levá-los à praia.

— Então nada feito. Não vou autorizar coisa nenhuma.

— Como assim, Luana? Chama o zelador, ele pode acompanhar a visita com você.

— Agende a visita para quando você estiver aqui, Rodolfo.

Oh, God!

Rodolfo avaliava se deveria, como sempre, atender aos caprichos de Luana. Talvez fosse conveniente cancelar a viagem para se dedicar à venda do apartamento. Ingrata! Faltava-lhe bom senso. Os filhos nada tinham a ver com isso, não podiam ser sacrificados. O jeito de resolver o impasse seria recorrer ao zelador, pedir a ele para acompanhar o corretor e seus clientes no fim de semana.

Aproveitando o momento na casa da "ex", Rodolfo pediu a Luana para deixar os filhos jantarem com ele naquela noite. Ela, por milagre, não se opôs. De imediato, foi avisá-los. Em menos de dez minutos os dois estavam na sala, prontos para saírem.

Rodolfo os levou ao restaurante habitual, também frequentado por Sofia. Enquanto lia o cardápio, por instinto, ergueu os olhos, o que viu parecia ilusão. Voltou os olhos para o cardápio, ergueu-os de novo. Desta vez, ela entrava no restaurante acompanhada de outro homem. Rodolfo ficou inerte, olhos grudados nela, pensamentos sem nexo corroiam sua mente. Encontro casual, após três meses do fim da relação. Por instantes, ele se esqueceu da companhia de Thiago e Raphael.

— Pai, pai... — dizia Thiago, enquanto cutucava seus ombros e o trazia para a triste realidade. — Já escolhi.

— Aquela ali é a Sofia, pai? — Raphael apontou a mãozinha na direção dela.

— Sim.

— Vou falar com ela — disse e já saiu correndo.

— Raphael...

Ele não ouviu o pai.

Rodolfo ameaçou sair da cadeira, desistiu. Por um momento, invejou a espontaneidade das crianças. Queria ele ter essa atitude, fazer o que tivesse vontade, em vez de amargar as dores sórdidas. Deveria ir atrás do menino agora, aproveitar e se desculpar com Sofia pelo incômodo. Mas isso poderia ser considerado intromissão. Ah! Raphael era só uma criança, ela iria entender.

Capítulo 52

No dia seguinte, diante do computador, ainda sentia o aperto no peito enquanto revivia a cena do restaurante. Ela, deslumbrante, vestida de vermelho, sem nada dizer, disse-lhe tudo. O olhar sem graça, o aceno discreto com a cabeça. O sujeito de nariz empinado ao lado dela parecia ter percebido o olhar de Rodolfo fixado em Sofia. De imediato, agarrou-a, marcando território. Aquilo foi como receber um chute no saco. Sentiu o estômago encolher e o coração lhe atraiçoar com desejos frustrados.

Não tardou, Francisca, como de hábito, entrou feliz da vida na sala.

— Como foi o jantar com os filhos, seu Rodolfo?

— Jantar?

Só parte dele estava sentado ali.

— Ué, ontem o senhor saiu daqui dizendo que ia jantar com eles.

— Ah, sim, fomos jantar.

— Misericórdia, seu Rodolfo, que desânimo é esse. Afinal, eles gostaram ou não da surpresa?

— Vou dizer uma coisa, Francisca. O jantar poderia ter sido normal, como tantos outros naquele mesmo restaurante, não fosse a presença de Sofia.

— Ela estava lá? Me conta, seu Rodolfo, como foi isso?

Francisca puxou a cadeira, apoiou os cotovelos sobre a mesa, os olhinhos de espiã pediam a confissão dele.

— Sabe, é curioso pensar que eu me sentia muito bem até minutos antes de vê-la na entrada do restaurante. Naquela hora, as estruturas balançaram, o coração quis saltar pela boca, o estômago se encolheu.

— Essas coisas doem mais do que ferroada de vespa, não é, seu Rodolfo?

— É.

— Quer um conselho? Vá atrás dela.

— Ela já está em outra relação, Francisca.

— Mas, seu Rodolfo, o senhor falou do jeito de quem sentiu o coração mexido. Assuma de vez seu amor por ela! Ou vai deixar o outro fazer isso?

— Que faça! — ele se levantou, andou até a janela, espiou o movimento da rua, depois apoiou as costas na parede e continuou: — Sabe, Francisca, eu queria ter o poder de desligar essa parte da mente consciente que mantém vivos os sentimentos, esquecer de vez a Sofia.

— Para de complicar as coisas, seu Rodolfo! Sem essa de mente consciente! Larga de ser turrão! Vá logo atrás da Sofia antes dela cair nos braços do outro pra sempre.

— Você acredita mesmo nisso?

— Ih, seu Rodolfo, deixa de ser ingênuo. Mulher gosta de atenção, de ser protegida e de outras coisinhas, se é que o senhor me entende — como sempre, maliciosa. — O senhor tem medo da resposta dela, é isso.

— Ridículo.

Desencostou-se, esticou o corpo, cruzou os braços, enquanto Francisca fazia o papel de mentora.

— O que impede o senhor de ir atrás dela?

— Você não entende.

— O senhor está enganado, entendo o suficiente.

— Sei.

— Anos atrás, seu Rodolfo, o meu Chuchu se enrabichou com uma sirigaita. Sofri muito, o senhor não faz ideia do quanto. A desgraçada morava perto da minha casa, era difícil evitar de ver a infeliz se esfregando nele. Aquilo me destruía por dentro, mas eu mantinha a postura de quem ignorava a pouca vergonha deles, até o dia em que descobri o pior.

— Pior?

— Eles iam morar juntos.

A conversa aguçava a curiosidade de Rodolfo. Ele queria saber o desfecho do drama.

— E daí?

— Joguei o orgulho no lixo, fui atrás dele. Abri meus sentimentos, trouxe ele de volta para casa.

— Fácil assim?

— Não, de princípio o safado parecia enfeitiçado pela outra. Mas eu tava disposta a brigar pelo meu amor, caprichei no visual e na sedução — isso só poderia ser por milagre. — Pra dizer a verdade, naquela época eu já conhecia a mentora — ah, agora tinha revelado o milagre. — Por tudo o que ela já sabia da minha vida, me desafiou a reconquistar o Chuchu.

— Hum...

— Olha, considero o senhor um homem bom, humilde, primeiro por querer deixar dona Sofia seguir o caminho dela, depois por se abrir comigo, sou só uma copeira. Mesmo assim, o senhor me dá ouvidos.

— Onde você quer chegar com essa conversinha, Francisca?

— Deixa de teimosia, seu Rodolfo, isso aqui ó — ela esticou o bracinho roliço e tocou o indicador no peito dele —, ficou mexido. O senhor vai perder a dona Sofia, a mulher da sua vida.

Perder!

— Acorda, seu Rodolfo! Manda logo flores pra ela. Escolha as mais bonitas, viu? — deu um passo na direção da porta. Apoiou-se no batente. — Precisa causar boa impressão — concluiu e se foi. Ele ainda podia ouvir a voz dela pelos corredores: — Misericórdia, os homens têm medo do compromisso.

As palavras da Francisca sempre faziam eco em seus ouvidos, mesmo quando queria ignorá-las. Não podia nem pensar no sujeitinho agarrando sua Sofia, aquilo o golpeava com a força de um pugilista vencendo o *round*. Por dentro, uma pontinha de esperança insistia em fazê-lo acreditar nos sentimentos de Sofia por ele... Droga! Ela teria perdido o amor por ele em tão pouco tempo? Mandar flores... A Francisca delira de vez em quando. Flores! A Sofia sempre elogiava as rosas vermelhas, aquelas importadas. Seria prudente investir na reconquista, telefonar, mandar flores? Ou seria melhor enterrar de vez esse sentimento sufocante? Virou-se para o computador e segurou o mouse.

Minutos depois, ele havia acessado a floricultura, escolhido um buquê. No site, escreveu para que imprimissem uma frase de Sêneca: "O amor não se define; sente-se". Mas não finalizou a compra, queria decidir depois, livre da pressão da Francisca.

Droga! A voz dela latejava dentro dele: "Acorda, seu Rodolfo! Manda logo flores pra ela, escolha as mais bonitas, viu?".

Diante de seus olhos o pedido esperava o "clic". Sua mão presa no mouse. Ele só não queria fazer aquilo sob a influência da Francisca, a decisão deveria ser dele.

— Já mandou, seu Rodolfo? — Francisca apontou a cara na porta.

— Ahan...

De susto, pressionou o mouse. Droga! De novo! Francisca parecia assombração.

Agora estava feito. Ele, naquela posição, de tão inseguro, comportava-se igual adolescente na conquista do primeiro amor, não estava nada confiante de que aquela seria a atitude certa. Queria cancelar tudo, mas também desejava surpreender Sofia. A essa altura, restava-lhe esperar.

Capítulo 53

Vencido o prazo, Rodolfo desocupava o imóvel. Antes de levar as últimas caixas para a casa dos pais, ele passou na imobiliária e entregou as chaves. Cumpriu o compromisso de desocupação, no prazo determinado pela proprietária. Mais uma pendência resolvida.

Seguiu para o novo endereço. Quando lá chegou, apertou a campainha, ninguém atendeu.

— Ora, onde estão meus pais? — Rodolfo resmungou para si. — Eles sabiam que eu viria.

Pegou o *iPhone*, selecionou o número da mãe, tocou até cair na caixa postal. Ele não gostava de deixar recados. Depois, ligou no número do pai. Ele atendeu.

— Já estamos chegando, Rodolfo. Viemos ao supermercado, aqui perto de casa, comprar umas coisinhas.

— Quer que eu vá encontrá-los?

— Não, em dez minutos estamos aí.

Rodolfo encostou-se no carro, mexendo no celular, enquanto os aguardava. Não tardou, os dois apareceram na esquina cheios de sorrisos. A mãe, antes de cumprimentá-lo, foi logo dando o recado.

— Meus netos já ligaram perguntando a que horas você vai buscá-los amanhã, filho.

— Você vai trazê-los para o fim de semana com a gente, Rodolfo? — perguntou o pai.

— Não, pai, combinei de levá-los à praia.

— Oh, que pena! Ia me dar muito gosto ter todos reunidos aqui em casa.

Rodolfo ficou admirando o pai. Um novo homem. Ele sentia-se grato por ter a oportunidade de recomeçar essa relação de pai e filho.

Capítulo 54

Chegava o fim de semana da prometida viagem à praia com os filhos. Na hora combinada, Rodolfo apertou a campainha do apartamento de Luana, os dois filhos correram para a porta já de mochilas nas costas. Pularam em cima dele, quase caíram.

– Vamos logo, pai, quero ver o mar.
– Calma Thiago, o mar não vai sair de lá – respondeu.

Luana entrou na sala, para surpresa de Rodolfo, serena como nunca viu antes.

– Filhos... – ela se aproximou deles, fazia as recomendações de sempre.
– Obedeçam seu pai. Escovem os dentes direitinho, estão me ouvindo? Quando acordarem, após as refeições e antes de dormirem, pelo menos quatro vezes ao dia.

Rodolfo ficou pasmo. Aquela não era a Luana. Ah, não! Ele esperaria qualquer coisa da parte dela, menos esse comportamento de mulher compreensiva, doce. Estaria tramando contra ele ou dopada de tanto calmante? Ih... quem delirava agora era Rodolfo. Cisma à toa, pessoas poderiam mudar de comportamento. Ele próprio estava mudando os velhos hábitos. Mas ele seguia os princípios, e ela? Qual seria o milagre? Não vinha ao caso naquele momento.

– 'Bora', meninos, a praia nos aguarda!

Chegaram a Santos por volta de sete horas da noite. Desceram as bagagens, deixaram-nas jogadas na sala, logo saíram para ver o mar.

O clima romântico na orla, com noite de temperatura agradável e lua cheia refletida nas ondas suaves, trazia Sofia à lembrança de Rodolfo, enquanto passeava com os filhos.

Onde ela estaria a essa hora? Sofia nem sequer agradeceu as flores enviadas há quase uma semana. Já estava em outra.

– Pai, vamos tomar sorvete?

— Boa ideia, Rapha! O que acha, Thiago?

— Eu prefiro lanche antes do sorvete.

— Hum... Você está certo. Primeiro vamos lanchar, depois sorvete, certo Rapha?

— Tá booom.

Mesmo envolvido e se divertindo com os filhos, a memória insistia em fisgar as imagens da amada ali, juntos, naquele mesmo lugar, contemplando a lua.

Sentaram-se na barraca preferida, os meninos dividiam o menu, escolhendo os sanduíches. Rodolfo queria ouvir a voz de Sofia. Ele pegou o *iPhone*, mas em vez de ligar, começou a digitar a mensagem. Escrevia, apagava, mais uma vez começava o texto, na metade desistia.

Misericórdia, como dizia Francisca, essa obsessão passava dos limites.

— Pai, já escolhemos, você não vai comer?

Raphael interrompeu seus devaneios.

— Ah... sim... — falava como se o filho o tivesse flagrado fazendo arte. — Deixe-me ver... — correu o dedo no menu. — Pede esse aqui para mim.

Rodolfo se consumia de tanto desejo de ouvir a voz da amada. Deveria telefonar, saber dela, sem compromisso. Mas ela poderia estar com o... droga! Namorado. Ameaçou guardar o *iPhone*, depois se levantou, avançou até a beira da praia, tomou coragem e tocou o dedo em chamar.

Caixa postal. Não deixou recado.

Depois do lanche e do sorvete, retornaram ao apartamento. Precisavam descansar para curtirem a praia pela manhã.

Só que a excitação tirava-lhe o sono. Antes de ir para a cama, Rodolfo decidiu ligar o computador. Estava inspirado a criar uma campanha de incentivo às vendas para apresentar à diretoria na segunda-feira. Fez projeções na planilha Excel e escreveu as estratégias no PowerPoint. De tão envolvido, mal percebeu o tempo passar. O computador marcava 23h49. Salvou tudo e desligou o aparelho.

Já na cama, apagou a luz. A mente continuava a produzir estratégias sem parar. Ele virava de um lado, virava do outro, fazia hora na expectativa do sono ganhar o jogo. Não ganhou. Saltou da cama, foi tomar água na cozinha. O computador o seduzia. Rodolfo resistiu, iria dormir. No silêncio, ainda na cozinha, escutou o som de mensagem entrando no *iPhone*. O relógio digital em cima da geladeira marcava 0h49. Por instinto, falou...

— É Sofia.

Retornou ao quarto, pegou o *iPhone*, deslizou o dedo na horizontal, depois na vertical, abriu a mensagem: "Boa noite. Sinto sua falta, bj". Mensagem de Sofia. O riso saiu espontâneo, respondeu: "Ouvi a mensagem entrar. Pensei, é Sofia e era. Também sinto sua falta. Bj".

Depois disso, se animou a continuar o projeto. Ligou de novo o computador. Ideias brotavam, o texto fluía, quando deu por si, duas da manhã. Insano! Teria de dormir. Voltou aos lençóis, revivia a sensação de alegria intensa ao repetir na mente a mensagem, uma, duas, três vezes: "Boa noite. Sinto sua falta, bj".

O computador insistiu em se conectar à mente de Rodolfo, sequenciava os números, a premiação, insônia insólita! Já não tinha mais posição na cama, de novo, saltou e cedeu aos apelos da máquina, acessou outra vez, liberou todas as ideias da cabeça para a planilha, para o PowerPoint, enfim, quatro da manhã. Estaria satisfeito? A resposta parecia ser sim, agora dormiria.

Antes, achou por bem salvar no *pendrive*, evitaria qualquer desastre. O projeto ficou, de fato, muito bom. Espetou o *pendrive*, selecionou o documento, clicou em salvar como. "Sem espaço", apareceu na tela. Oh droga! Teria de limpar. Já cansado, pensava estar movendo para o lixo a pasta do *pendrive*, por engano, moveu a pasta do novo projeto salva em "documentos". Estaria na lixeira, recuperaria fácil, fácil. Só que ele não localizava a lixeira em seu *Macbook*. Impossível dormir sem localizar sua obra. Apelou para o *Google*, localizou *software* específico para restaurar pasta da lixeira. Fez *download*. Depois buscou a pasta. Localizou-a e celebrou. Outra mensagem no visor "insira o código de autorização".

– Código? – falou em voz alta.

Rodolfo descobriu o valor do *software*: US$ 99.

– Essa não! – resmungou, mesmo assim imputou o número do cartão de crédito e fechou a operação.

Exausto, programou o despertador para às nove da manhã.

Despertou antes, às 8h29, disposto, como se tivesse dormido a noite inteira. Abriu, de novo, a mensagem. Leu e releu aquilo ainda na cama. Cresceu, por instantes, a expectativa de entrar outra dizendo: "Bom dia. Quero te ver, bj". Mas não entrou. Rodolfo cogitou telefonar de novo, queria ouvir a voz doce da amada em vez da frieza da caixa postal.

Capítulo 55

Depois do fim de semana divertido na praia com os filhos, com direito à mensagem surpresa de Sofia e campanha de incentivo às vendas pronta, Rodolfo saiu de casa mais cedo. Chegou à empresa antes de todos os colegas. Fez as revisões, ajustou dados, tudo perfeito para apresentar a Júlio. Só que precisava ver a agenda dele e Silvinha não aparecia. Deveria ele mesmo deixar um bilhete na mesa de Júlio? Oh, droga! Enquanto avaliava as possibilidades, a secretaria passou pelo corredor.

— Silvinha! — gritou de dentro da sala, já se levantando. Deu a volta pela mesa, andou até a porta. Ela, de costas, respondeu:

— Volto já, Rodolfo — disse e seguiu em frente.

Em outros tempos, Silvinha o atenderia de imediato. Minutos depois, ela retornou.

— Preciso falar com o Júlio, urgente — pediu Rodolfo.

— Urgente?

— Sim, é urgente.

Ela seguiu para a sala dela. Passados alguns minutos, o telefone tocou.

— Ele não virá pela manhã? — Rodolfo repetiu.

— Não. Só à uma da tarde, Rodolfo. Posso agendar?

A maldita ansiedade corroía suas vísceras. Teria de esperar, esperar e esperar, saco! Justo agora que ele tinha encontrado o pulo do gato, a receita para superar as metas e concorrer ao grande evento anual, a convenção de vendas na Flórida.

Poderia telefonar ao Júlio, antecipar a notícia, mas ele deveria estar visitando clientes. Revisaria, mais uma vez, a campanha. O tempo se encarregaria da ansiedade.

Mais tarde, na sala de Júlio, ele apresentou, entusiasmado, as ideias para a campanha de incentivo às vendas. Como de hábito, Júlio reagia à excitação de Rodolfo, de boca aberta, sem nada dizer, sua expressão equivalia a uma paisagem.

– O que achou disso, Júlio?

Júlio pousou o queixo sobre as mãos, grudou os olhos em Rodolfo e disse:

– Envie-me por *e-mail*, quero fazer outras simulações.

– Outras simulações?

– Sim.

– Mas...

– Amanhã cedo, na primeira hora, conversaremos.

Inacreditável! O "boca mole" continuava o mesmo. Simularia mais o quê? Rodolfo apurou os resultados por região, desenvolveu métricas de acompanhamento diário, definiu regras, sugeriu premiações. A campanha de incentivo foi desenhada com critérios. Que diabos o Júlio ainda simularia? O tempo deles, de fato, corria em direções opostas. Só lhe restava esperar até amanhã, na primeira hora.

Capítulo 56

No dia seguinte, Júlio foi à sala de Rodolfo. Ficou parado na porta, com as duas mãos apoiadas no batente, expressão de chuchu amanhecido. Fisionomia insossa.

— Simulou, Júlio? – perguntou Rodolfo.

Júlio balançou a cabeça para cima e para baixo, sem nada dizer. Paciência, paciência... era tudo o que faltava a Rodolfo.

Júlio entrou, puxou a cadeira, abriu leve sorriso e disse:

— Está perfeita, Rodolfo. Já incluí na pauta da reunião de diretoria, amanhã. Campanha vencedora, você estava mesmo inspirado. Parabéns!

Levantou-se e saiu.

Enfim, Rodolfo conseguira emplacar a campanha de incentivos. Sua motivação beirava à histeria, queria falar com qualquer pessoa. Não, qualquer pessoa não. Sofia. Deveria telefonar? Afinal, ela fora sua musa inspiradora. Pegou o *iPhone*, selecionou o número dela, ficou paralisado por instantes, depois o guardou.

Francisca surgiu à frente de Rodolfo, trazia-lhe, como sempre, água e café.

— Pode falar, Francisca?

— Depende, seu Rodolfo.

— Quero contar uma coisa.

Ela puxou a cadeira. Sentou. Colou os olhinhos negros nele.

— Conta logo, seu Rodolfo?

— Mais um passo em direção ao meu objetivo, Francisca.

— Sério?

— Seríssimo.

— Misericórdia, seu Rodolfo, tô curiosa!

Ele falou do fim de semana com os filhos na praia, da surpresa ao ler a mensagem de Sofia, da inspiração para desenvolver a campanha de incentivos.

— Hoje estou feliz da vida, Francisca.

— Tá. O senhor já telefonou para sua Sofia?

Minha Sofia, hum... Seria muito bom se fosse verdade.

— Ainda não.

— Ah, mas eu não acredito nisso, seu Rodolfo. Não acha muito ela ter lhe enviado a mensagem, tá esperando o quê?

— Isso é invasão, Francisca. Sofia está namorando.

— Olha só, seu Rodolfo. Abertura, ela já deu — levantou-se. Ainda na sala, as mãozinhas apoiadas sobre a mesa, continuou: — Mais tarde, o senhor me conta.

Francisca deixou o amigo cheio de adrenalina. As palavras dela, como sempre, faziam-lhe eco: "abertura, ela já deu". Seria agora ou nunca. Rodolfo pegou de novo o *iPhone*, deslizou o dedo e chamou.

Enfim, a doce voz de Sofia!

— Está livre hoje, Sofia?

— Estou em Brasília, Rodolfo, por quê?

— Ah, nada... É... pensei convidá-la para jantar.

— Ah!

— Hoje ou amanhã, diz que aceita.

— Talvez.

Talvez seria quase sim ou quase não? Rodolfo se encorajou a perguntar.

— Por que talvez?

— Devo chegar a São Paulo na sexta-feira por volta das sete da noite, Rodolfo. Faremos o seguinte, quando eu descer em Congonhas, ligo para você e decidiremos.

— Ok. Faça boa viagem.

As sensações aconteciam de modo sequenciado. Primeiro o frio na barriga, antes de dizer alô. Depois, a gagueira, as palavras lhe fugiam. No fim da conversa, as batidas cardíacas deveriam ter ultrapassado cento e cinquenta por minuto. Rodolfo olhou as horas no *notebook*, quanto tempo ainda faltava para sete da noite de sexta-feira? O que poderia fazer? Talvez ir ao aeroporto, surpreendê-la no desembarque. Ah, não, isso já era demais.

Capítulo 57

Rodolfo contava as horas para reencontrar a amada. Só que passava das sete da noite naquela sexta-feira e Sofia ainda não tinha ligado. Ansioso, telefonou para Daniel, precisava de um ombro amigo. Então marcaram às 19h45 no lugar de sempre, "Sujinho".

— Daniel, hoje o dia começou bem.

— Conte-me tudo.

— Você sabe que em dezembro completo quarenta anos, não?

— Sim, claro, faltam menos de três meses.

— Fiquei indignado com a Fernanda, ela me telefonou logo cedo para sugerir uma festa à fantasia, acredita?

— Boa ideia!

— Nem vem, Daniel? Sabe o que respondi? De palhaço ficaria bem! Ora, vocês sabem muito bem a minha opinião sobre essa comemoração. Longe de mim.

— Mas, Rodolfo, a data não deve passar em branco. Quarenta anos é um novo ciclo, amigão.

— Besteira, Daniel, justo você, a pessoa mais cética que conheço, falando isso? É só mais um ano de vida e problemas que se acumulam.

Até pouco tempo atrás, Rodolfo podia viajar, comprar coisas, investir... Agora precisava atingir o propósito de ter equilíbrio financeiro e qualidade de vida.

— Coisas da sua cabeça, Rod. Problemas se acumulam se você não der solução a eles, já falamos sobre isso. Aliás, em sua vida, nos últimos tempos, só existe trabalho. Eu, hein?!

— Não percebe, Daniel? Quase quarenta anos nas costas. Voltei a morar de favor na casa dos meus pais. Comemorar o quê? Só se for o fracasso de ter trabalhado duro a vida inteira e ter como resultado... dívidas e desilusões.

— Ora, Rod, isso não é o fim do mundo.

— Fala assim porque não está na minha pele. O buraco é mais em baixo — desviou o olhar, doía-lhe assumir que tinha jogado fora metade da sua vida. Engoliu em seco. — Ah, chega disso.

— Desculpe-me, Rod, somos amigos há anos, nunca o vi fugir de uma boa festa. O que exatamente está pegando?

— Daniel, raciocina comigo, dei o primeiro passo para colocar as finanças em ordem, isso faz pouco tempo, ainda é cedo para celebrar. Além disso, nunca vi grande importância em comemorar essa fase da vida. Seria extravagância gastar dinheiro à toa com uma festa.

— Extravagância! Hum... já fez tantas. O que o impede de fazer outra?

Ele disse essa barbaridade e saiu apressado rumo aos sanitários.

Rodolfo permaneceu no lugar, alheio a tudo o que acontecia no "Sujinho". Sentia o coração apertado, saudades da Sofia! Daniel tinha tocado na veia, quando disse que Rodolfo cometera extravagâncias a vida inteira. Pura verdade, ele comprava coisas por impulso, pagava caro sem questionar preços. Sempre apreciou lugares refinados, carros do ano, roupas de grife, bons perfumes. Agora, as coisas tinham mudado. Sentia-se angustiado, não conseguia discernir se era reflexo da meia-idade, do descontrole financeiro ou da falta que sentia de Sofia. Os pensamentos circulavam, circulavam e paravam nela. Comemorar o aniversário a essa altura... só ao lado da amada.

Passados cinco minutos ou menos, Daniel retornou.

— Decidiu fazer a última extravagância para celebrar a entrada dos "enta", Rod?

— Você, às vezes, parece tão sem noção, Daniel... Eu não posso fazer isso, quantas vezes terei de repetir.

— Não entendo você.

— Então, serei claro. Não tenho dinheiro para gastar com festas, Daniel.

— Tenho uma ideia!

— Ideia...

— Rod, vamos fazer uma festa diferente, sabe? Cada convidado pagará sua cota. Hoje em dia isso é natural

— Daniel, esse é o maior absurdo que já ouvi!

Desta vez, foi Rodolfo quem saiu apressado rumo aos sanitários.

Misericórdia, nem a Francisca diria uma asneira dessa. Os convidados chegando na casa dos pais dele, cada um trazendo o "*kit* festa". Apesar da amizade de anos, às vezes, parecia que o amigo não o conhecia tão bem. Onde já se viu! Idiota! Aliás, ficaria perfeito juntar as duas ideias brilhantes: a festa à fantasia da Nanda e o "*kit* festa" do Daniel. Francamente! Teria de dar um basta nesse assunto. Mas seu outro propósito era manter o controle emocional. Respirou fundo.

De volta, antes que Daniel viesse com outras ideias fantásticas, Rodolfo pediu a conta.

— Mas ainda é cedo, Rod.

— Tenho de ir, Daniel.

— Nós não concluímos o assunto.

— Concluímos. Não se fala mais nisso.

— Concluímos coisa nenhuma, agora você vai me escutar. Olha, Rodolfo, já vi sujeito ranzinza, mas você superou de longe. Acreditei que esse seria um bom momento para resgatar você, nossa amizade. Mas, sinceramente, chega. Quem vai nessa, sou eu.

Nem se despediu.

Meu Deus, por essa Rodolfo não esperava.

— Daniel! Daniel!

Ranzinza era Daniel, na opinião de Rodolfo. Onde já se viu insistir tanto para fazer uma festa, gastar o que não tem para fazer bonito a quem pouco se importava com ele. Ou eles se importam?

Para Rodolfo, as amizades deveriam ser guardadas como tesouros. Daniel sempre foi bom amigo. Foi atrás dele se desculpar.

Daniel entrou no carro, estacionado do outro lado da rua. Rodolfo atravessou a tempo de impedir a saída do amigo.

— Desculpa, Daniel. Tenho pintado o diabo mais feio do que ele realmente é. Talvez você tenha razão.

Daniel apenas moveu a cabeça para cima e para baixo, sem nada dizer. Rodolfo continuou:

— Vamos lá, desmancha essa cara de mal. Isso não combina com seu estilo escrachado.

Naquele instante, o amigo sorriu, desceu do carro, coçou a cabeça e disse:

— Ok, senhor Rod, também peço desculpas por insistir. Afinal, eu mesmo vivo chamando sua atenção para conter gastos. Estou sendo incongruente. Tranquilo.

— Isso é verdade.

— Vamos conversar mais sobre o assunto em outra hora.

— Que assunto?

— Orçamento! Quem sabe aparece dinheiro e você dá a festa.

Desta vez, quem moveu a cabeça de um lado para o outro foi Rodolfo. Ele sorria do jeito patético do amigo falar. Daniel continuou:

— Mas agora, resolvi ir embora mesmo, amigo. Ariadne enviou uma mensagem me convidando para uma sessão pipoca.

Puxa vida, Sofia poderia telefonar. Ela prometeu. O que a fez mudar de ideia? Seria o idiota do novo namorado ou...? Ah, pouco importava o motivo, Rodolfo deveria tomar atitude. Tirou do bolso o *iPhone*, localizou o nome dela, tocou o dedo no número e esperou. Caiu direto na caixa postal. Não insistiria mais, respeitaria a decisão dela

Capítulo 58

Na segunda-feira, enquanto Rodolfo se reunia com Júlio, o *iPhone* vibrou. Impossibilitado de atender, deixou chamar até cair. Quando finalizou a reunião, ele tirou o aparelho do bolso, deslizou o dedo e viu a chamada perdida de Sofia. Saiu da sala e retornou a ligação..

— Droga! Caixa postal de novo — balbuciou.

Dirigiu-se de volta à sala. Silvinha, então, abordou-o para entregar o recado anotado. Bateu os olhos... "Retornar ligação para Sra. Sofia. Ela disse que você tem o número do telefone fixo". Rodolfo procurou o número na agenda do *iPhone*. De imediato, ligou.

— Sofia?

— Olá, Rodolfo!

— Estava em reunião, por isso não atendi sua chamada.

— Sem problemas. Na verdade, telefonei para pedir desculpas por sexta-feira.

— Sexta-feira... Ah, você me deu o "perdido".

Eles riram. Esse termo era típico de Sofia.

— Como são as coisas...— ela disse em tom brincalhão. — Rompemos o namoro pelo mesmo motivo que vivi sexta-feira. E eu não tinha acreditado em sua história de atraso da reunião, perder voo, *iPhone* sem bateria, etc.

— Não entendi.

— Simples assim, Rodolfo. A reunião em Brasília atrasou, perdi o voo, o telefone estava sem bateria, eu estava um trapo de cansada, retornei ao hotel, desabei na cama, nem me lembrei de colocar o *smartphone* para carregar.

— Mas não podia ter usado o telefone do hotel?

— Pois é, essa era a intenção. Mil perdões. Dormi direto, acordei às dez da manhã, no dia seguinte. Por fim, decidi ficar por lá mesmo, até ontem.

— Foi o meu troco — ele respondeu —, entendi. Agora estamos zerados — de novo, eles riram. Rodolfo continuou: — Se estamos zerados, podemos recomeçar. Quando vamos jantar?

— Esta semana está complicada... Viajo, de novo, amanhã cedinho.

Sofia dificultava as coisas, por um lado parecia aberta, por outro colocava obstáculos. Deveria esperar mais uma semana para o esperado reencontro ou forçar a barra, surpreendendo-a na casa dela, logo mais à noite? O que de pior poderia acontecer era ela não recebê-lo, mas isso só o estimulava a investir na reconquista.

De novo, acessou a floricultura online, escolheu o arranjo de rosas vermelhas, aquelas importadas. Recomendou que a entrega fosse feita às 18h30. Planejou chegar ao endereço dela dez minutos depois da surpresa.

Às 18h35, o *iPhone* tocou. Era Sofia agradecendo o mimo.

— Estou aqui por perto, posso subir? — Rodolfo a surpreendeu outra vez.

— Você por aqui?

— Mudei meu caminho, só por hoje.

— Estou surpresa.

— Posso subir?

— Estou arrumando a mala, mas... suba!

Rodolfo chegou até a guarita, cumprimentou o porteiro Giba.

— Tava sumido, Rodolfo! — o porteiro comentou.

— Precisei — não quis alongar a conversa. — Vou subir. Avisa a Sofia, por favor, Giba.

No elevador, a lembrança do último encontro surgiu nítida na mente. Agora via a diferença. Os ensinamentos da Francisca operaram milagres. Olhando para trás, quase acreditou ver duas pessoas distintas. Rodolfo antes e Rodolfo depois dos princípios. Ele suspirou aliviado.

Quando desceu do elevador, a porta do apartamento estava aberta, mesmo assim, ele deu dois toques.

— Entra, Rodolfo! Estou aqui na cozinha.

Obedeceu. Chegou até a porta da cozinha. Ela preparava sanduíches.

— A última coisa que eu pretendia era dar esse trabalho a você.

Ela largou o que fazia e enxugou as mãos. Sorridente, veio ao encontro dele.

Abraçaram-se. Permaneceram assim por segundos. Afrouxaram o abraço, olharam-se. Ele quis beijá-la na boca, ela deu-lhe a face. Sofia, toda charmosa, afastou-se dele, voltou aos sanduíches.

— Calma! — ela disse.

— Desculpe-me. Foi por impulso.

— Pode me ajudar a por a mesa?

— Onde estão as coisas?

— Ah, não faça charme, Rodolfo! No mesmo lugar de sempre.

— Posso ser indiscreto? — ela deu de ombros. — Seu namorado, por onde anda?

— Namorado...

— Aquele do restaurante.

— Ah! Não é meu namorado. Saímos duas vezes.

— Como sou azarado! Você sai duas vezes com aquele mané e eu tive o desprazer de vê-los juntos nessa cidade tão grande.

Sofia riu contida. No fundo, parecia apreciar a revelação do sentimento do amado.

— Raphael e Thiago estão bem? — ela perguntou.

— Estive com eles ontem. Estão lindos. Sempre perguntam por você.

— Sinto muito carinho por eles.

Tomaram o lanche. Rodolfo rodeou a amada, queria se aproximar, ela dissimulava.

— Gostou das flores?

— Lindas! Olha, querido, gostei mesmo das surpresas. Agora preciso me organizar e dormir, saio de casa antes das seis da manhã.

— Quer que eu vá embora?

Aproximou-se dela, tocou-lhe os cabelos. Insinuou-se na esperança de ficar.

— Sério, Rodolfo, quinta-feira estarei de volta. Aí sim, poderemos sair para jantar, conversar...

— Certo, vou deixar você arrumar a mala. Mas...

Agarrou-a de jeito. Segurou firme os cabelos dela, Sofia não pôde fugir. Beijou-a como há tempos desejava.

– Vá! – ela disse, empurrando-o com graça em direção à porta.

Ele desejou ficar, fazer amor, recuperar o tempo perdido. Queria desobedecer a amada, mas ela foi enfática. Disse vá, empurrando-o porta afora. Ok, ele decidiu esperar por ela até quinta.

Capítulo 59

Passados quase três meses desde que Rodolfo iniciou a prática dos princípios da mentora, ele chegou à empresa e foi direto à copa. Ainda segurava sua pasta. Quando entrou, viu Francisca folheando o caderno dos "princípios".

— Novidades, Francisca?

— Seu Rodolfo, hoje é o dia da verdade — ela falava rápido, parecia ansiosa. — Anotei aqui, olha. Quando dei ao senhor o primeiro princípio, o senhor disse que suas preocupações eram dinheiro, relacionamento e trabalho. Está pronto para começar?

— Posso tomar café antes?

— Já sirvo.

Enquanto tomavam o café, a "mentora" se remexia na cadeira, parecia mesmo ansiosa para ouvir as impressões de Rodolfo.

— Agora, quero saber se funcionou — disse ela.

— Sou eu quem quero ouvir de você se funcionou, Francisca. Percebeu mudanças em meu comportamento?

— Ah, seu Rodolfo, me dá até um negócio aqui — ela passou a mão na barriga. — Aquele seu mau humor, graças a Deus se foi. Agora o senhor consegue até rir!

— Você é mais do que parece ser, Francisca. Você é A mentora.

Os olhinhos negros dela brilharam de satisfação. O sorriso largo transbordava para além do ambiente da copa.

— Sabe, seu Rodolfo, nunca pensei que um homem de berço, assim como o senhor, daria ouvidos a uma simples copeira. Olha, fico até nervosa — ela mostrou as mãos suadas. — Mas, agora, eu preciso mesmo saber dos detalhes. Saber como o senhor estava antes e como está agora, nas três coisas.

— Estou cumprindo três princípios: Perdão; Crenças limitantes sobre dinheiro e Planejamento – ele abriu a pasta, sacou o planejamento encadernado. – Aqui, olha... – virou as páginas do plano. – Este é o meu orçamento pessoal, metas de curto, médio e longo prazo. Minha vida está organizada, mentora. Tenho muito a agradecer a você, ao meu pai, à minha mãe, ao meu amigo de infância Daniel e, inclusive, ao Júlio, ele contribuiu muito para isso.

— Misericórdia, seu Rodolfo, tô curiosa. Conta logo como foi.

— Tudo começou no exercício do Perdão. A prática me fez refletir bastante, fui buscar respostas onde nunca havia procurado – Francisca arregalou os olhos. – Aqui dentro de mim.

— Ouvir o que vem de dentro, seu Rodolfo, a mentora chamava isso de autoconhecimento.

— Autoconhecimento. Isso mesmo e muita investigação. Conversei por longas horas com minha mãe. Descobri monstros e joias preciosas na fase da infância.

— Comigo foi igual, seu Rodolfo.

— Sabe, Francisca, o melhor de tudo vem agora. Quanto mais eu me conscientizo dos meus comportamentos, mais claras ficam as mudanças que devo fazer. Ainda tenho muitas crenças a serem transformadas, mas já não sou ignorante da existência delas.

— Nem tenho palavras, seu Rodolfo. O senhor entendeu direitinho – a emoção da "mentora" extrapolava, lágrimas rompiam. – Meu coração tá pulando de felicidade. Muita emoção, seu Rodolfo, o senhor não faz ideia – Francisca bateu a mão no peito e continuou: – Eu queria contar isso pra mentora!

— Isso porque você nem ouviu tudo.

— Então, conta logo! – disse, enquanto enxugava o rosto com as costas da mão.

— Ainda sobre o financeiro, Daniel e Júlio...

Francisca o interrompeu.

— O "boca mole" – disse e levou a mão à boca.

— Francisca, Francisca... Eles foram importantes na organização do orçamento pessoal. Dois grandes mestres. Sofri muito para colocar o carro nos trilhos, minha amiga, quero dizer, minha mentora do coração. As dívidas estavam pela hora da morte. Tive de criar coragem para abrir todas as contas, separar as despesas fixas, depois enxugar os excessos de gastos com telefone, banda larga, TV por assinatura, entre outros. Também, impus limites de uso nos cartões de crédito. Nesses quase três meses, avancei bem, eliminei a dívida do cheque especial, reduzi o consumo desenfreado, eu comprava por impulso, entende? Falta, ainda, quitar a fatura de um dos cartões. A meta é chegar ao final do ano sem dívidas e com uma reservazinha financeira.

— E o perdão do pai?

— Espera! Aprendi uma coisa muito importante sobre orçamento, quero compartilhar... — Francisca ergueu as sobrancelhas, inclinou a cabeça para o lado, enquanto ouvia o pupilo. — Aprendi que não basta reservar dinheiro para as despesas fixas, é preciso ter reservas para o inesperado.

— Inesperado, seu Rodolfo?

— Sinceramente, Francisca, eu nunca dei atenção aos gastos inesperados. Nunca fiz contas. Nesse período de reorganização eu percebi quantas coisas aconteceram, deixando o buraco financeiro ainda mais profundo. Por exemplo, tive problemas com carro, manutenção da casa, saúde e outros tantos. Por isso, incluí no planejamento reserva financeira para cobrir despesas inesperadas. Não dá para mudar, do dia para a noite, aquilo que eu nem tinha consciência, entende?

— Estou muito satisfeita, seu Rodolfo, o senhor nem faz ideia. Mas agora eu quero saber do perdão.

— Ah, isso ainda não consegui finalizar. Mas a minha relação com o papai está oitenta por cento melhor. Veja isso, todas as quintas-feiras nós dois jogamos tênis no clube. É uma grande conquista.

— Se é. Mas precisa pôr fim nisso, seu Rodolfo. O senhor tem de encarar seu pai, é muito importante perdoar e ser perdoado. Ah! Tem outra coisa importante, a entrega do símbolo, tá lembrado? Do senhor para ele, isso faz parte do princípio. O senhor tem de fazer.

— Sei disso, Francisca. Eu vou cumprir. Não sei quando, mas vou.

— Vou ser chata agora, seu Rodolfo, quero prazo. Quando vai cumprir?

Quando iria cumprir? Rodolfo ainda não se sentia seguro para falar com o pai. A relação deles estava tão boa, mexer nas feridas poderia desandar e ele não queria isso de jeito nenhum. Precisava preparar o pai, além de si próprio.

— Me dê mais um tempo.

Capítulo 60

No fim da campanha de incentivo às vendas, realizada nos últimos três meses, Rodolfo apresentou os resultados de suas regiões em uma reunião mensal de diretoria. Ele e a equipe viraram o jogo, superando todas as metas e ocupando a primeira posição no *ranking* das regionais. Quem primeiro o parabenizou foi seu ex-diretor.

— Rodolfo, parabéns por resgatar aquele comercial de sangue nas veias, incansável em dar o melhor de si.

Júlio se manifestou na sequência.

— Acreditei nesse resultado desde o dia em que você me apresentou a campanha, Rodolfo. Aqui está seu merecido prêmio – deu a ele o envelope. – Abra!

Rodolfo tinha as mãos trêmulas. Por isso, rasgou a borda de qualquer maneira, tirou de dentro quatro bilhetes para a Flórida, mais o memorando informando o valor de seu bônus.

— Eu vou à convenção anual na Flórida! – Rodolfo disse e ergueu a mão com os quatro bilhetes.

— Dois para você e seu acompanhante – disse Júlio. – Os outros dois para seus melhores vendedores – continuou. – Já o bônus, Rodolfo, é seu por direito. O valor é de sigilo absoluto. Caso queira distribuir entre a equipe, o critério é seu.

Ao fim da reunião, ele agradeceu aos colegas e saiu para anunciar a premiação à equipe em *conference call*. Os vendedores estavam alocados nas regiões sul e sudeste do país. Rodolfo reconhecia o empenho deles nessa conquista. Por isso, decidiu distribuir vinte e cinco por cento do bônus aos dez vendedores; outros vinte e cinco por cento aplicaria em previdência privada para os filhos. Dos cinquenta por cento restante, parte usaria para quitar as dívidas nos cartões de crédito, cerca de oito por cento do valor.

Após tomar a decisão, ele foi se aconselhar com Júlio sobre investimentos em ações. O colega considerou o perfil conservador de Rodolfo e disse:

— Aplica quinze por cento em ações, depois eu lhe indicarei os papéis mais promissores. Acompanhe os resultados por seis meses, enquanto isso, aplica a outra parte do dinheiro em fundos de investimentos em seu banco — Rodolfo ouvia as orientações de Júlio sem piscar. — Olha, Rodolfo — ele continuou —, antes de acatar a indicação de seu gerente, fala comigo, quero avaliar. Sou seu consultor financeiro.

Eles riram. Rodolfo agradeceu a disponibilidade do colega em assessorá-lo.

Em quinze dias, aconteceria a esperada convenção de vendas na Flórida. O desafio de Rodolfo seria convencer Sofia a acompanhá-lo. Ele lutou tanto para conseguir isso... e ela fora sua musa inspiradora. Teria de convencê-la!

Enfim, a vida lhe sorria. A estabilidade financeira se confirmava. Naquele mesmo dia, recebeu a notícia do corretor, sobre a venda do apartamento. Logo teria a parte dele para dar entrada em outro imóvel. Precisava ter sua própria residência, dar mais conforto aos filhos. Tudo seguia muito bem, exceto no quesito perdão ao pai. Isso ainda o incomodava. A dúvida era se deveria ou não falar com ele antes de viajar. Poderia convidar o pai para jantarem a sós. Pensando bem, melhor deixar para a volta.

Capítulo 61

Sábado, fim da tarde, após uma semana nas terras do tio San, Rodolfo e Sofia desembarcaram em Cumbica. Assim que possível, ele ligou o *iPhone*. Várias mensagens. Os filhos avisavam que estavam esperando por ele na casa dos avós.

— Querida, os meninos estão na casa de meus pais, teremos de passar lá antes de irmos para seu apartamento.

— Amor, estou cansada. Vou direto pra casa.

— De jeito nenhum!

De imediato, ele telefonou aos filhos, avisou-os da chegada.

— Olha, querido, os meninos estão cheios de saudades. Curta-os! Depois... – ela piscou e mordeu os lábios. – Vá lá pra casa, a gente comemora seu início de vida. Afinal, a vida começa aos quarenta!

Impossível convencer Sofia quando ela cismava de usar seus argumentos. Mesmo discordando, Rodolfo ajeitou as malas no carrinho, empurrou-o até o *Duty Free*. Compraram chocolates, bebidas, perfumes. Rodolfo pensou em insistir um pouco mais com Sofia, mas considerou o cansaço da viagem. Empurrou de novo o carrinho, passaram tranquilos pela alfândega. Depois, entraram na fila de espera dos táxis.

Uma hora depois, pouco mais de nove da noite, o taxista estacionava em frente à casa dos pais de Rodolfo. Tudo escuro, teriam saído? Ele apertou a campainha e súbito os filhos apareceram na porta para recebê-lo.

— Pai! – Raphael e Thiago gritaram ao mesmo tempo. Desta vez, não se penduraram no pescoço de Rodolfo, preferiram tomar as sacolas do *Duty Free* na esperança de encontrar os chocolates preferidos.

— Onde estão seus avós?

— Lá em cima, Pai – respondeu Thiago.

— Lá em cima?

O salão de festas ficava na parte superior da casa. De repente, as luzes se acenderam, Rodolfo pôde ouvir murmúrios, parecia música, vozes...

— O que estão aprontando, filho?

— É seu aniversário, pai, você se esqueceu? — lembrou Raphael.

Quando Rodolfo apontou a cara na porta do salão, duvidou que estivesse acordado. Decoração impecável. Logo na entrada, um pôster dele junto dos filhos, em tamanho natural, fixado na parede. Música de qualidade tocada por DJ. Garçons servindo os convidados.

Correu a vista pelo salão, avistou a "mentora" Maria Francisca ao lado do amado Chuchu, sorriso colado no rosto de orelha a orelha. Ao lado dela, os colegas da FIBRAX: Júlio acompanhado da esposa, Silvinha, Dr. Josué, Dra. Raissa, o marido dela e filhos. Mais adiante, Daniel, Ariadne, Carlos Henrique, Fernanda, Vanessa, Mariana e Paulo Roberto. No canto, a grande mesa decorada, cheia de doces, bolos, salgados, tudo de muito bom gosto.

A campainha tocou.

— Deixa que eu atendo a porta — disse Mariana.

O pai de Rodolfo foi o primeiro a se levantar para abraçá-lo. Eles se olhavam e repetiam o abraço, até a mãe reclamar seus direitos.

— Chega, Lício!

— Dora, deixa de ser ciumenta — disse o pai em tom de brincadeira.

Rodolfo largou o pai e agarrou a mãe. Naquele instante, espichou o olhar para a porta do salão, avistou Sofia entrando com Mariana.

— Você sabia! — ele disse, balançando o dedo indicador. Ela ria. — Fizeram tudo direitinho, nem desconfiei.

Depois de cumprimentar a todos, Rodolfo parou um instante na mesa de Francisca. Ele tirou o cartão da mentora da carteira e o devolveu à Francisca.

— Guarde isso, seu Rodolfo — ela disse.

— De jeito nenhum, o cartão é seu.

— Mas ela nem mora mais no Brasil, joga fora ou guarda de lembrança!

— Eu quero devolvê-lo a você.

— Tá bom, seu Rodolfo, me dá isso aqui — ela se levantou, rasgou o cartão em duas partes, localizou lixeira e jogou os pedaços fora.

Depois disso, Rodolfo se aproximou de Júlio, queria saber do ex-diretor.

— Ele disse que viria — respondeu Júlio.

Passados quinze minutos ou menos, eis que a campainha tocou de novo. Luana, acompanhada do novo namorado, surge no salão. Juntos deles, também, o *big boss*, com a esposa e os casal de filhos. Rodolfo os conduziu às mesas.

Todos reunidos, Rodolfo pediu a atenção. Primeiro, foi até o pai, pegou-o pela mão, fazendo-o levantar. Então, olhou dentro dos olhos dele e disse:

— Pai, esse é um momento de grande importância. Não foi fácil tomar essa decisão, sei que o senhor vai me entender. Eu... — a voz embargou — peço o seu perdão, pai — ele não conseguia controlar a emoção, uma lágrima rolou. — Perdoe-me por ter sido o filho distante e rancoroso por todos esses anos. Eu te amo! Sou grato por tudo o que o senhor me ensinou. Obrigado, pai!

O pai apertou-lhe ao peito. Permaneceram por minutos agarrados. Depois, afrouxaram o abraço. O pai colocou uma mão no ombro de Rodolfo, enxugou a lágrima que rolava dos olhos do filho, depois, as lágrimas de seu próprio rosto, e respondeu.

— Sou eu quem lhe devo pedir perdão, filho. Falhei como pai, queria dar o melhor a você, a suas irmãs — ele apontou a mão para Fernanda e Mariana. — Mas eu me ausentei muitas vezes. Não os vi crescer. Sua mãe, sim. Dora sempre foi uma mulher de fibra.

Rodolfo desviou o olhar para a mãe, por instantes, nem precisou ouvir suas palavras para saber que ela transcendia em felicidade. Os olhos vivazes e o grande sorriso por si só já descreviam todos os sentimentos. Voltou a atenção ao pai.

— O senhor é o meu herói, pai.

Do outro lado, Maria Francisca também vibrava. Rodolfo conduziu o pai de volta ao seu assento, tirou do pulso o relógio de estimação, presente do avô materno por sua brilhante classificação no vestibular. Em seguida, colocou-o no braço do velho Lício.

— Rodolfo — o pai reagiu —, esse relógio tem valor pessoal pra você, filho. Não posso aceitar — o pai ameaçou tirar a peça. Rodolfo pousou a mão no pulso dele; o impediu de tirar o relógio. De novo, olhou fundo nos olhos do pai e disse:

— Por ser objeto de valor pessoal, pai, significa o meu desapego a todos os sentimentos guardados durante tanto tempo aqui dentro — ele passou a mão no peito, continuou: — Todas as vezes que o senhor olhar as horas, vai se lembrar do tempo à nossa disposição, para desfrutarmos juntos.

Concluía o princípio do perdão.

Depois, iniciou o discurso de agradecimento. Rodolfo reverenciou cada pessoa ali presente, família, amigos, colegas de trabalho. Falou da importância de todos eles em seu aprendizado, em sua vida. A "mentora", sua querida Maria Francisca, foi a última. Ele fez as merecidas honras em público. Reconheceu a habilidade dela na condução dos princípios, a capacidade de ajudar as pessoas em processos de mudança.

Ela se levantou, veio ao encontro dele. Sem saber se a abraçava, limitou-se a apertar-lhe a mão. Ela foi logo dizendo:

— O senhor me permite tomar a palavra, seu Rodolfo?

— A palavra é sua, Francisca!

— Seu Rodolfo, eu quero dizer só mais uma coisinha... — lá vinha Francisca com a mania de falar das coisinhas. — A sabedoria está dentro de nós — ele concordou movendo a cabeça para cima e para baixo. — Ainda me lembro das primeiras palavras da mentora, seu Rodolfo, ela dizia "Continue a fazer as mesmas coisas, Francisca, e os resultados serão sempre os mesmos. Quer resultados diferentes? Mude! Você tem escolhas". Fico feliz do senhor ter descoberto a sabedoria dela, esse... esse... ah! Deixa pra lá! Fico aqui querendo falar bonito, mas é o seguinte, o senhor descobriu sozinho. Pronto, falei! — as pessoas riram do jeito engraçado de Francisca falar. Ela esperou os ânimos se acalmarem e continuou: — Os princípios da mentora, seu Rodolfo, são assim. Cada pessoa escolhe o jeito de encontrar as respostas para seus conflitos.

Rodolfo pousou a mão nos ombros dela, olhou em seus olhos, agradeceu mais uma vez por ela ter conduzido os princípios de maneira exemplar. Em seguida, os convidados levantaram o brinde. Rodolfo se emocionou com aquela demonstração de carinho da família e dos amigos. Lágrimas de felicidades desceram em sua face.

Reuniram-se ao redor da mesa principal para cortar o bolo. Após servir, os convidados começaram a se despedir.

— Ih, seu Rodolfo, já vai todo mundo embora.

— Por quê, Francisca?

— Hábito de São Paulo, o senhor não sabe?

A querida Francisca, copeira "mentora", e o Chuchu saíram por último. Rodolfo os acompanhou até a porta.

— Missão cumprida, mentora!

— Cumprida? — espero o senhor pra tomar o cafezinho comigo na copa, segunda-feira.
— Não vai dar, Francisca. Tenho reunião no cliente.
— Então fica pra de tarde.
— O que falta?
— Seu Rodolfo, presta atenção! Isso foi só o começo. Agora é sua vez de passar adiante.
— Adiante?
— Esse é o seu desafio.

Rodolfo ia abraçar Francisca, mas se conteve. Em vez disso, acenou para o pai que, no fundo da sala, levantou o braço, mostrando o relógio para Dora.

— Esse é o seu desafio, entendeu, seu Rodolfo? — disse Francisca, puxando-lhe pela manga da camisa.

Rodolfo, desta vez, não se conteve. Arrancou a mão de Francisca de sua camisa, puxando-a para um caloroso abraço de gratidão.

Capítulo 62

Na segunda-feira, Rodolfo despertou naturalmente. Sentia-se muito bem acordando ao lado de Sofia. Ele observou Sofia se espreguiçar e riu do jeito esquisito dela de esticar as pernas: primeiro para cima, depois para baixo, sem abrir os olhos.

Depois de se esticar feito uma gata, ela se jogou para cima de Rodolfo e disse.

– Ei! O café está pronto?

– Ainda não. Tenho outra coisa...

Eles se abraçaram e, de repente, se perderam num beijo profundo.

O *iPhone* começou a tocar em cima do criado-mudo.

– Que hora mais imprópria! – Rodolfo resmungou. – Viu o número da empresa. Ele tinha de atender.

– Alô!

– Seu Rodolfo, o senhor tá vindo pra cá?

– Agora não, Francisca. Vou visitar um cliente.

– Hum... Eu me esqueci disso. Mas foi bom eu ter me esquecido. Vim trazer sua água e tem um envelope em seu nome, escrito Urgente.

– Envelope?

– É, seu Rodolfo. Tá escrito urgente, mas não tem nome de quem mandou. Daí, achei por bem avisar o senhor.

– Fez muito bem! Abra, por favor.

– Me desculpa, seu Rodolfo, peça qualquer coisa, menos para abrir o envelope.

– Qual é o problema, Francisca?

– Só erro uma vez, seu Rodolfo. O senhor mesmo disse que é crime abrir correspondência dos outros.

— Eu disse, é verdade. Mas eu estou autorizando.

— Não. Eu não posso mesmo.

— Francisca, deixa de onda, se está escrito urgente eu preciso saber o que é.

— Sinto muito, seu Rodolfo. Essa lição eu aprendi.

Francisca quando empacava, nem por reza mudava de ideia. Misericórdia! Rodolfo até compreendia a decisão dela, afinal ele mesmo disse que violar correspondência alheia era crime.

Fosse o que fosse, resolveria depois. Depois?

— Francisca, anote o endereço aí e passe à Silvinha para que ela faça o envelope chegar às minhas mãos antes das dez horas.

— Problemas, querido? – disse Sofia.

Ele poderia responder muitas coisas, mas preferiu abraçá-la e se perder num beijo demorado. Agora ele sabia o verdadeiro sentido da felicidade.

www.dvseditora.com.br